LA ALQUIMIA DEL

ANÁLISIS TÉCNICO

ALEJANDRO MUTTACH

Contenido

DEDICATORIA

Dedico este libro a Dios y mi familia. A mi madre quien, a través de la desescolarización, me enseñó la pedagogía y desarrolló en mí un amor por el aprendizaje constante. A mi padre que, como agricultor, me enseñó el trabajo duro desde pequeño. Eso me motivó a buscar una fórmula en la que pudiese obtener el dinero pensando, y la conseguí. Lo que no conseguí fue dejar de trabajar duro, creo que eso está en el ADN. Y lo dedico a mi melliza Alejandra, la persona más inteligente que conozco, sus altas calificaciones eran mi barra y la competitividad de hermanos me hizo ser aplicado para poder siquiera alcanzar las de ella. Agradezco a toda la comunidad de siempreprofit por ser mi motivación dentro de esta industria, les deseo a todos mucho éxito en su carrera como *trader.*

PRÓLOGO

En un mundo donde una de las principales causas de estrés, divorcios y conflictos familiares es el dinero, la educación financiera es el regalo más grande que se le puede dar a una persona.

Me considero un activista contra la mediocridad, pero no lucho atacando a los mediocres; lucho compartiendo un conocimiento a través del cual los *traders* puedan profesionalizarse y empoderarse.

La mayoría de libros sobre análisis técnico han sido escritos por grandes autores que tenían o tienen experiencia en mercado como el NYSE o el NASDAQ, lo que conocemos como la bolsa. A pesar del excelente contenido que se puede encontrar en estos libros puede que no sea el más útil para operadores de otros mercados como el de divisas (FOREX), pues más allá de su correlación, tienen un mecanismo completamente diferente. Por eso he recopilado toda una información valiosa en este libro, especialmente para los *traders* del mercado Forex. Los esoterismos de este mercado son muchos, pero comprenderás hasta los aspectos más complejos con ejemplos cotidianos y aplicándolos incluso a otros mercados como el de las criptomonedas, materias primas, acciones, entre otros, ya que es necesario hacer comparaciones para que puedas entender los funcionamientos de los distintos mercados.

Después de leer este libro, tu visión frente a los gráficos será otra. Podrás responder a tres preguntas simples que validarán o justificarán tus *trades*, ¿dónde debes posicionarte?, ¿por qué ya es válido posicionarte?, y ¿cuándo es válido posicionarte?, poder contestar a estas interrogantes ya te convierte en un *trader*, y acá te mostraré cómo conseguir las respuestas a través de lo que llamo el método ZEAP, una manera simple de conseguir posiciones con alta de probabilidad de triunfo.

En los siguientes cuatro capítulos descubrirás cómo el mercado tiene un comportamiento geométrico, proporcional, predictivo y estadístico. El primer capítulo expone las zonas ideales para posicionarse en el mercado según la ley de la oferta y demanda. El segundo capítulo revela cómo las proporciones son las bases de una tendencia en el mercado y cómo esta nos insinúa la dirección del precio. En el tercer capítulo, los detalles marcan la diferencia cuando aplicamos a la lectura de las velas japonesas para interpretar las huellas del mercado. Y en el cuarto capítulo hay una correlación de los primeros tres para la implementación del método ZEAP como validador de las oportunidades en el mercado.

CAPITULO I: ¿DÓNDE?

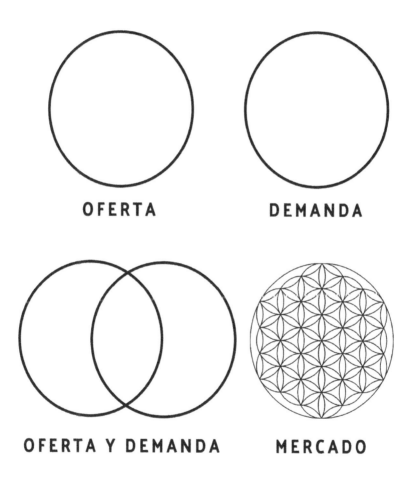

OFERTA   DEMANDA

OFERTA Y DEMANDA   MERCADO

Significado del "dónde"

Si hay algo que necesitamos saber como *traders* es… ¿Dónde?… Dónde debo comprar y dónde debo vender, esas son las primeras grandes interrogantes. Y con la pregunta dónde no me refiero a la plataforma de trading o aplicación, sino al mismísimo eje Y.

Todo lo que un analista técnico coloca sobre su gráfico tiene la tarea de arrojar un **dónde**, comenzando por las dos herramientas más básicas: soporte y resistencia. Un soporte es un nivel **donde** se espera que los compradores superen a los vendedores, es decir precio rebote en una dirección alcista. Una resistencia es un nivel **donde** se espera que los vendedores superen a los compradores, por lo que el precio rebote en una dirección bajista. Una línea de tendencia sea alcista o bajista, es un soporte o resistencia diagonal definida por una reacción en un punto A y un punto B **donde** se espera que pueda haber una reacción en un punto C.

Herramientas más sofisticadas como Fibonacci, encargada de medir un retroceso en el mercado, establecer niveles de *take profit* y validar puntos estructurales, nos proporciona múltiples niveles derivados de la famosa sucesión, los cuales nos muestran **donde** pueden formarse nuevos puntos estructurales válidos para que nos posicionemos. Así mismo nos arroja un nivel de hasta **dónde** deberíamos proyectar el recorrido del mercado para tomar ganancia.

Uno de los mejores indicadores que he desarrollado y que no solo tiene gran utilidad para ser usado en el análisis humano, sino también para ser implementado en las estrategias de sistemas automatizados por su objetividad y cálculo concreto de marcos temporales, son las zonas de valor. Este indicador basado en *moving averages* se encarga de mostrarme **dónde** está el mejor precio del año, **dónde** está el mejor precio del mes, **dónde** está el mejor precio de la semana y, si lo deseo, puedo ver **dónde** está el mejor precio de un activo en cualquier marco temporal.

Visto desde esta perspectiva, el dónde siempre va a ser nuestra primera variable. Esa es la razón por la cual utilizamos todas esas herramientas o dibujos sobre el gráfico, para buscar ese nivel donde el mercado tiene más probabilidad de ir en una dirección u otra basándose en fluctuaciones anteriores que dan la oportunidad de colocarlas. Por esta razón, los escenarios futuros solo pueden construirse con escenarios pasados. Esa es una de las bases del análisis técnico.

He nombrado solo algunas de las tantas herramientas que nos pueden arrojar un **dónde**, hay miles, más o menos comunes, más o menos complejas, más o menos objetivas, pero todas buscan el mismo fin. Una de las habilidades más importantes que podemos tener como analistas técnicos es tomar la herramienta que mejor se adapte al momento actual del mercado y plasmarla sobre el gráfico para conseguir el **dónde**.

Imagina a un carpintero que va a clavar un clavo. En su carpintería seguramente cuenta con distintas herramientas: navajas, alicates, martillos, serruchos, entre otras. Quizá pueda golpear el clavo con lo primero que se encuentre a su lado como un alicate, por ejemplo, e incluso puede que funcione, pero muy probablemente acabe estropeando el clavo porque no es la herramienta indicada. Si toma el martillo, que es el más indicado para hacer dicha labor, seguramente hará su trabajo de una manera más eficiente y seguro.

Lo mismo sucede con los *traders* durante su educación: adquieren mucho conocimiento, herramientas para aplicar en el análisis técnico que, según el estilo de trading, pueden ser muy distintas. Estas, por sí solas, son simples de entender y usar, pero la verdadera habilidad es entender cuál herramienta es la que mejor se adapta a la hora de tener un gráfico frente a sus ojos. Esta puede ser la razón por la que muchas veces no ves la oportunidad, no ves el **dónde** sino hasta después que se ha dado el movimiento y ya una vez completado te das cuenta que había una línea de tendencia clara, un soporte o, quizá, un patrón.

La buena noticia es que los activos tienen comportamientos repetitivos, en mi libro "la magia de operar USD/CAD" muestro cómo después de 17 meses de operativa constante en este par de divisas logro conseguir un **dónde** repetitivo, proporcionado principalmente por un patrón de rectángulo de consolidación. De esta manera cada vez que veo ese comportamiento ya tengo muy claro dónde se encuentra la oportunidad y cuál es la herramienta que mejor se adapta para verla. Seguramente hay otras formas de encontrar el dónde, puede ser que yo aún no las he descubierto, pero de eso se trata, de que desarrollemos esa habilidad de poder detectar el **dónde** de alguna u otra manera. No tiene que ser la misma para todos. Basándonos en herramientas de análisis técnico un mismo trade puede tener más de cinco maneras distintas de leerlo y quizá incluso más. La clave no está en ver esas cinco confirmaciones con distintas herramientas sobrecargando el gráfico, sino con las que mejor te adaptes.

A la hora de intentar desarrollar una estrategia, un sistema automatizado o analizar el siguiente *trade*, lo primero que se tiene que hacer es descubrir cómo el activo muestra y mostrará el **dónde**, basándonos en alguna herramienta o indicador. Una vez que se tiene esto claro, ya solo se necesita tener un **por qué** es válido ese *trade* en ese **dónde** y, además, muy importante, saber **cuándo** es el momento de entrar al mercado, pero hablaré de eso en los siguientes capítulos.

Si es verdad que el **dónde** puede estar definido por distintas herramientas o indicadores, pero ahora es momento de discutir mi estilo de trading y qué es lo que representa para mí un **dónde** en primera instancia.

"No te enamores de un trade,
el mercado no tiene corazón."

A.M.

Que las probabilidades siempre estén de mi lado (zonas)

Cuando pienso en un *trade* la primera palabra que viene a mi mente no es ganancia ni perdida, es probabilidad, porque si algo quiero tener en cada *trade* son las probabilidades a mi favor. Te contaré una anécdota para explicar de dónde viene mi afán a la probabilidad y cómo esta ciencia definió mi estilo de trading. A finales de 2014 estaba cursando mi carrera de comercio exterior en la universidad Simón Bolívar en Caracas, Venezuela. Por esas fechas estaba en el tercer trimestre de mi carrera y me tocaba cursar Estadística I, al parecer la consciencia colectiva de toda mi cohorte decía que la materia era muy complicada y que era una de esas materias que, al no aprobar en el primer intento, te atrasaba en el avance de la carrera. Y no suficiente con eso, al recibir el informe de mi sección quedé en el grupo al que le tocaba la profesora más complicada de aprobar, esas que tienen fama de que harán lo que sea para que no apruebes. Con todo ese ambiente que giraba alrededor de la materia asistí el primer día con algo de incertidumbre, pero haciendo tributo a uno de mis lemas que tanto me ha ayudado en la vida: "ve un paso adelante". Así que la semana anterior ya había leído y visto todos los videos posibles sobre estadística. Esto no solo hizo que llegara con una preparación superior a la del resto del salón y que me generara confianza, sino que despertó ese interés en mí de comprender el tema más allá de simplemente querer aprobar la materia. Recuerdo claramente que las primeras clases fueron en diciembre por lo que el primer parcial o examen tocaba realizarlo de inmediato al volver a las clases en enero. Y aquí viene una segunda reflexión importante en la anécdota. Debido a que eran días festivos, muchos se fueron de vacaciones y se relajaron todos esos días libres, pero yo recuerdo haberme sentado en la sala de mi casa a completar muchas guías con ejercicios prácticos para el examen. Disfrutaba aplicar las fórmulas y descubrir esas variables estadísticas que daban lectura a una incógnita. Al volver en enero a presentar me sentía con una absoluta confianza, preparado y motivado por mostrarme a mí mismo que habían valido la pena esas horas de estudio en los días festivos. Y así fue, aprobé el examen con la máxima nota. Era la primera vez que obtenía la mejor calificación del salón en una materia así que de inmediato tuve ese sentimiento de cuando descubres que eres bueno en algo. Comprendí la materia a tal punto que fui tutor para ayudar a mis compañeros en Estadística I y II, eso me motivo aún más y me forzó a comprenderla al 100%.

¿Todo esto de qué me sirvió? Primero para reforzar mi creencia de ir un paso adelante en cada situación y esto va de la mano con que estar preparado te dará una confianza extra y aumenta tus probabilidades de éxito. Así mismo me ayudó a entender, unos cuantos años después, que si algo quiero tener en cada *trade* son las probabilidades a mi favor y que el análisis de los eventos gobernados por la probabilidad (como el siguiente movimiento del mercado) se le llama estadística. De acá nace mi afán por esta ciencia y mi estilo de trading basado en ella.

Un "donde" fundamentado en la estadística

Ahora bien, si mi estilo de trading está basado en probabilidad ¿cómo entonces defino un **dónde** que se fundamente en la estadística? Pues es momento de darle protagonismo a *las zonas*. El principio de mi operativa es comprar en zonas de demanda y vender en zonas de oferta, pero antes de explicarte cómo y por qué esto responde a más del 50% de la probabilidad de ganar un *trade*, vayamos al siguiente apartado.

"En un año de trading te conoces más a ti mismo que en un año yendo al psicólogo."

A.M.

Las zonas como un dónde

Imagina que eres el director de una cárcel y acabas de enterarte que un preso se ha fugado hace unas horas, ¿qué es lo primero que harías? Seguramente definir un área de búsqueda que se adapte al tiempo de fuga, como 10 kilómetros cuadrados a la redonda. No tendría mucho sentido comenzar a buscarlo en todo el planeta Tierra, quizá podrías investigar dónde se encuentran sus amigos o familiares, ya que tarde o temprano tenderá a ir en esa dirección por ayuda o dinero y así podrás tener vigiladas las zonas o áreas más probables **donde** puedas dar con él.

Delimita un área

Este es exactamente el mismo trabajo que busco hacer con las zonas, delimitar el área con mayor probabilidad **donde** el precio puede reaccionar para moverse en una dirección u otra, por lo tanto, es allí **donde** voy a buscar comprar o vender. Como analistas técnicos tenemos que respetar un principio muy importante, que yo lo defino de la siguiente manera: para especular a la derecha primero tenemos que ver a la izquierda. Esto quiere decir que, para dibujar una zona de demanda donde el precio puede reaccionar, esta debe estar definida por reacciones que muestren demanda en el pasado, en la historia del gráfico, al igual que el fugitivo, donde su posible dirección está definida por su pasado. El precio se comporta de la misma manera y nuestra esperanza con base en la probabilidad de que el precio reaccione a las áreas o zonas en donde ya lo hizo. Si aún no te queda claro puedes volverlo a leer, nuestra esperanza con base en la probabilidad es que el precio reaccione a las áreas o zonas donde ya lo hizo, por lo que en este punto hay que dejar claro algo importante: oferta y demanda son dos polos opuestos, por lo que, si un precio me mostró demanda en el pasado allí, solo espero que haya demanda nuevamente; y si me mostró oferta, solo esperaré que haya oferta. Esto es algo que aclararé más adelante con el gráfico de oferta y demanda. Por ahora que quede claro que todo el espacio sobrante lo llamo zona muerta, es decir, áreas que no me haya mostrado el precio oferta o demanda.

Veamos un ejemplo en la siguiente imagen:

Imagen A.1

Si ya tienes experiencia me gustaría que hagas un recorrido visual de la imagen A.1 e intentes detectar **dónde** pudiera estar tu siguiente oportunidad de comprar o vender reconociendo los niveles de oferta y demanda. Si deseas, puedes usar un bolígrafo y dibujarlos. Todo el espacio restante donde no veas algún tipo de dominio de compradores o vendedores será la zona muerta de

19

mercado. Te darás cuenta de que una vez hayas detectado **dónde** puede haber oportunidades de compra y oportunidades de venta, ese ruido de mercado forma una imagen mucho más clara. Además, descarta todo un espacio (zona muerta), que en la mayoría de los casos es el 80% del área, por lo que con un 20% de área que vigilar, todo queda mucho más claro. Recuerda el ejemplo del fugitivo, menos kilómetros cuadrados que vigilar optimiza los recursos y acerca el éxito.

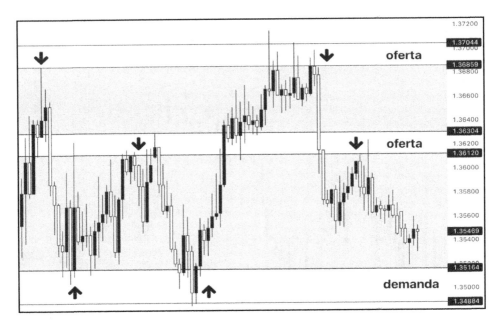

Imagen A.2

En la imagen A.2 podemos ver definidas dos zonas de oferta y una de demanda basadas en las reacciones ya completadas en el gráfico. Si viste alguna de estas zonas, ya tienes un ojo afinado. Es así como estas me definen el **dónde** buscaría mis siguientes oportunidades, todo espacio sobrante en un color más oscuro es lo que llamo zona muerta. La razón es porque ahí es donde entra el principio de la probabilidad, esa probabilidad que hace posible *tradear* con órdenes pendientes. Es decir, si yo en este momento debo colocar órdenes pendientes de venta, las colocaría alrededor de 1.36200 y como segunda opción 1.37000 que son las dos zonas **donde** el precio tiene mayor probabilidad de reaccionar según lo que ya nos mostró. Colocarlas en la zona muerta del mercado sería jugar al azar. Igualmente, si debo colocar una orden pendiente de compra la colocaría alrededor de 1.35000.

La probabilidad del dónde

La probabilidad es la media de la certidumbre de que un evento ocurra y se le da un valor numérico entre 0 y 1, donde 0 corresponde a un evento imposible y 1 corresponde a un evento seguro, en el mercado solo pueden ocurrir dos cosas: que el precio suba o que el precio baje, así que para revisar nuestro primer valor numérico probabilístico podemos plantearlo de la siguiente manera:

Evento 1 ⟶ Subir

Evento 2 ⟶ Bajar

$$\frac{1}{2} = 0.5 = 50\%$$

La fórmula es simple; la probabilidad de que ocurra un evento entre las dos posibles es del 50% por lo que posicionarnos por azar en el mercado solo me deja eso, un 50% de probabilidades de ganar. Evidentemente sería muy difícil y estresante vivir de algo de lo que solo tienes ese porcentaje de certidumbre de obtener un beneficio al final del día o del mes.

Si hay alguna razón por la que una persona que es empleada asiste a una empresa todos los días y cumple un horario es porque tiene por lo menos el

99% de probabilidad de que, a final de mes, tendrá un salario o beneficio. El 1% restante está reservado para un hecho fortuito. Así que si algo tenía claro desde que comencé mi carrera como *trader* era que las probabilidades tenían que estar a mi favor. No quisiera dedicarme a algo donde tuviera un porcentaje de éxito muy bajo, de ahí nace el principio de *tradear* en la zona, pero ¿qué es lo que sucede cuando la zona entra en la ecuación? Lo que sucede es que la zona, sea de oferta o demanda, ya me mostró un evento repetitivo al momento del precio entrar en ella. Si es de demanda fue porque me mostró entrada de compradores, por ende, el precio sube y si es de oferta nos mostró entrada de vendedores y, por ende, el precio baja, de esta manera mi siguiente *trade* en la zona, ya definida, tiene una probabilidad condicionada o también pudiéramos verlo como un evento dependiente.

Quizá sería complejo plantear la fórmula para sacar un valor numérico de la probabilidad que tendrían dichos eventos en la zona, pero algo sí queda muy claro: en el mercado no hay que moverse por la ley del caos sino tener memoria en el precio. Es decir, reaccionar constantemente a los mismos precios. Se puede decir que operar en la zona muerta te da un 50% de probabilidad, pero comprar en zona de demanda y vender en zona de oferta estadísticamente te pondrá sobre un 50%, quizá podríamos hablar de un 60% o 70% dependiendo la fuerza de la zona. Tener un número exacto es difícil al tratarse de un evento dependiente o de probabilidad condicionada, pero sea cual sea el número, ya tenemos las probabilidades a nuestro favor, y esta es la razón por la que se pucde operar con órdenes pendientes y obtener una rentabilidad.

Al colocar una orden pendiente solo estás depositando la fe en la zona,

no estarías esperando por otras lecturas clave (como la estructura o la acción del precio), sin embargo, ya tendrías las probabilidades a favor. Es como un cazador que pone su trampa donde la presa ya dejó su huella con la esperanza de que vuelva a pasar por allí debido a su comportamiento repetitivo. No hace falta que él esté allí, al volver solo verá que la suerte estuvo de su lado, pero una suerte que lo acompañará por colocar la trampa en la zona correcta, por esa razón la zona es mi "**dónde**". Yo no suelo trabajar con órdenes pendientes, por lo que para mí la zona es el área que delimito para cazar a mi presa, pero me quedo allí, como un puma esperando pacientemente que mi presa (el mercado) se mueva lentamente a mi zona y me muestre las más mínimas señales (de las cuales hablaré en los siguientes capítulos) para tomar acción.

No haré una fórmula compleja para intentar definir números probabilísticos porque sería un poco subjetivo, pero si dejaré una fórmula que concluya lo que acabo de explicar respecto a operar en la zona·

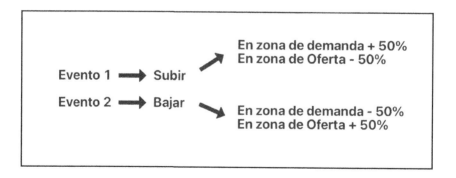

A este nivel de claridad me refiero cuando digo que en el siguiente *trade* quiero que las probabilidades estén a mi favor, por lo que la regla número 1 es vender en zonas de oferta y comprar es zonas de demanda, y por contraparte evitar vender en zonas de demanda o comprar en zonas de oferta.

Ahora démosle seguimiento a las posteriores fluctuaciones del mercado de la imagen A.2.

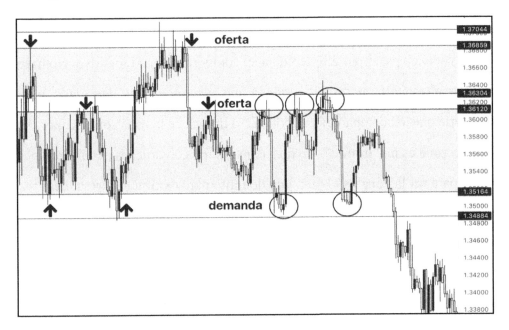

Imagen A.3

En la imagen A.3 podemos apreciar las múltiples reacciones a las zonas de oferta y demanda que ya nos había mostrado el mercado previamente, lo que me gusta de este ejemplo es que no solo hay una reacción que pueda ser por mero azar, sino que revela lo preciso que es el comportamiento del mercado y lo importante que es reconocer las zonas.

Diagrama básico de oferta y demanda

Nuestro **dónde**, representado por las zonas de oferta y demanda, no existiría sin la ley que rige el precio en todos los mercados, por lo menos los libres. Seguramente ya sabes cuál es, la ley de la oferta y la demanda. Si economistas como Alfred Marshall o Charles Dow, padre del análisis técnico, pudieran analizar gráficos en las modernas plataformas con la que contamos hoy en día, se darían cuenta que las teorías que plantearon sobre papel hace más de cien años siguen teniendo más vigencia que nunca, además creo que serían unos *traders* y analistas brillantes, probablemente desarrollarían también los mejores indicadores.

Alfred Marshall era un economista neoclásico por excelencia, corriente que tiene como fundamento las curvas de la oferta y demanda. Tal como la tabla que se muestra a continuación. Observarás que en un diagrama básico de la oferta y la demanda hay un punto de equilibrio, ahí es donde entra la correlación con la teoría de Dow, la cual afirma que los mercados tienden a retroceder la mitad de sus impulsos pues, al retroceder hasta la mitad, el mercado está respetando la ley de la oferta y demanda buscando ese punto de equilibrio, ese nivel de 50% que probablemente tienes agregado a tu Fibonacci. Este no se deriva de la famosa sucesión, sino que representa ese punto de equilibrio representando ese punto del que hablan los grandes economistas.

Veamos en la siguiente imagen el diagrama básico de oferta y demanda:

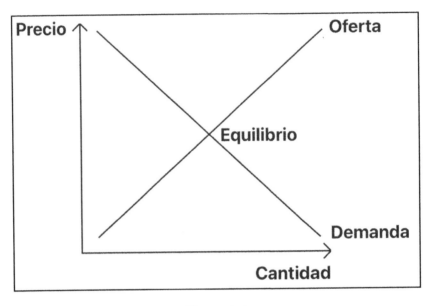

Figura A.4

"Controlar tus impulsos y ser disciplinado resuelve el 90% de tus problemas financieros."

A.M.

Oferta no vendida y demanda insatisfecha

Lo primero que debemos entender es que el mercado está conformado por un grupo de ofertantes que son los vendedores y un grupo de demandantes que son los compradores. El siguiente gráfico muestra básicamente que, mientras más bajo es el precio, más demandantes habrá en el mercado; por ende, aumenta la demanda. Cuando el precio es más alto habrá mayor cantidad de ofertantes, por ende, aumenta la oferta.

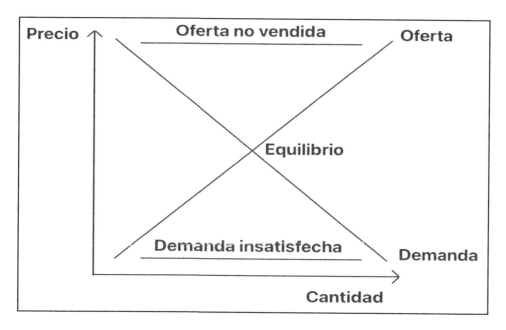

Figura A.5

Ahora, como vemos en esta segunda imagen, un precio muy alto donde ya los demandantes pierden interés provocará que no cubra la oferta y se cree ese nivel de "oferta no vendida". Por otro lado, un precio muy bajo llamará la atención de los demandantes o compradores a un punto que no habrá la oferta necesaria y eso aumentará el precio. En ambos casos el precio buscará su equilibrio.

Hagamos un ejemplo práctico. El siguiente gráfico corresponde a los precios de los apartamentos de 500 metros cuadrados en el área de Miami Beach, área donde tú quieres comprar un inmueble de estas magnitudes, por lo que te interesa analizar si es un buen momento para invertir en relación con el precio del mercado.

Fluctuaciones del precio en apartamentos de 500m² en Miami Beach (2016-2022)

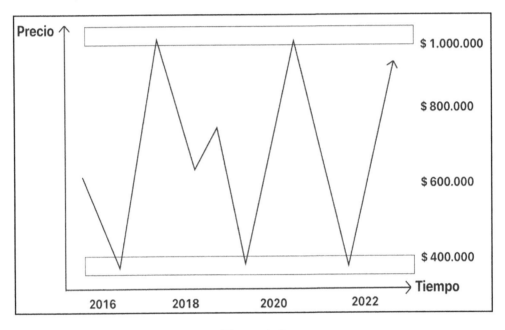

Figura A.6

Podemos apreciar que el precio ha fluctuado entre $400.000 y $1.000.000 en los últimos 6 años; una vez que el precio desciende al nivel de $400.000 parece haber una fuerte recuperación en el precio. Si lo llevamos al diagrama básico de oferta y demanda podría tratarse de un nivel donde comienza una demanda insatisfecha, ya que al estar bajos los precios muchos comienzan a interesarse. Se crea una demanda fuerte en el mercado y cada vez se vuelve más difícil conseguir un departamento. Esto hará que los ofertantes comiencen a subir los precios hasta que se comience a generar un equilibrio en un precio donde ya los demandantes no estén dispuestos a pagar más por lo que los ofertantes tendrán que mantener el precio. En este caso puede tratarse de unos $700.000. Por otro lado, podemos ver que cuando el precio llega a $1.000.000 forma algún tipo de burbuja que explota y los precios comienzan a caer, por lo que en ese nivel probablemente se cree una oferta no vendida, donde los demandantes ya no están dispuestos a pagar precios tan altos y los ofertantes tendrán que comenzar a disminuir el precio si quieren concretar una venta, de igual manera el precio buscará un equilibrio.

Analizando este escenario del precio *(ceteris paribus)* y dejando el resto de las variables constantes (como inflación, rendimiento que pueda obtener como activo, etc.) donde los departamentos están cotizando alrededor de $900.000 ¿qué harías si dispones del dinero para comprarlo?

> a) Comprar el departamento de contado con tu dinero.
>
> b) Comprar el departamento con un préstamo de bajos intereses.
>
> c) Esperar una corrección en el precio, ya que los precios están inflados.
>
> d) Usar el dinero para colocarlo en un activo que me genere rendimiento mientras espero una corrección en el precio hacia su punto de equilibrio o de precios de oportunidad.

Si respondiste la opción C o la D estás en lo correcto, quizá la D pueda tener más sentido, ya que se puede sacar progresivamente el rendimiento del dinero mientras se espera alguna corrección. Esto porque no es garantizado el tiempo en que pueda haber nuevos precios de oportunidad, además muestra que las correcciones pueden tardar hasta dos años por lo que en todo ese tiempo se puede obtener un buen rendimiento del dinero colocándolo a trabajar en otras inversiones.

Si respondiste una de estas dos opciones (C o D) reconociste que puedes estar ubicado en el siguiente punto del diagrama de oferta y demanda:

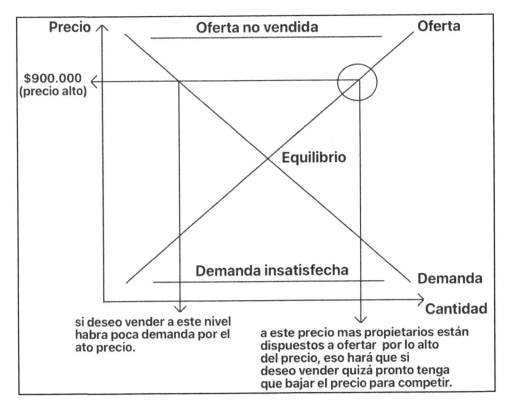

Figura A.7

Como negociantes siempre queremos comprar y vender al mejor precio, si no es así es mejor dejar pasar la "oportunidad" porque siempre queremos que las probabilidades de ganar estén a nuestro favor. Lo mismo sucede con un *trade* en el mercado desde mi perspectiva, me enfoco en *trades* que me muestren niveles de oferta no vendida o demanda insatisfecha, esas son mis zonas de oferta y demanda respectivamente que me dicen dónde está el área de oportunidad para tomar acción.

Oferta y demanda más allá del principio (ceteris paribus)

Las razones por las que puede aumentar la oferta o la demanda son muchas, en el ejemplo anterior solo estábamos analizando la cantidad de demandantes de departamentos que puede haber a cada nivel de precio y la cantidad que propietarios que puedan desear ofertar a cada nivel de precio *ceteris paribus,* esto dejando el resto de las variables constantes. Pero, como sabrás, las variables en los mercados son muchas. En el caso de los departamentos podemos considerar, por ejemplo: la inflación, las oportunidades como activo, proyectos en el área de *Miami beach* que puedan aumentar el valor de las propiedades, cambios en los gustos de mercado, entre otros. Por esta razón puede haber desplazamientos en la curva de la oferta y la demanda, antes de plantear estos conceptos al mercado de divisas hagamos otro ejemplo más cotidiano de cómo se puede generar un desplazamiento de las curvas según variables.

Fluctuaciones del precio en apartamentos de 500m² en Miami Beach (2016-2024)

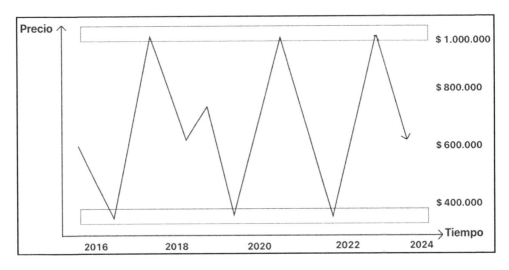

Figura A.8

Dos años después de haber escogido la opción D ya has logrado conseguir algún tipo de retorno y los $800.000 que pusiste a trabajar en otras inversiones ya se han convertido en $1.100.000. Te percatas que los precios en los departamentos de *Miami beach* han tenido una corrección en el precio tal y como lo esperabas, de hecho, están por debajo de lo que era un punto de equilibrio ($700.000) por lo que, como inversión, te puede garantizar alguna ganancia a futuro. Pero cuando te asesoras con un buen amigo *realtor* que conoce del sector y te comenta unas cuantas cosas importantes, resulta que en el último año colapsaron las tuberías de aguas negras en el área de *Miami beach*, lo que ha provocado que se tengan que hacer miles de obras en las vías y, como consecuencia, esto ha traído un tráfico infernal para la gente de la zona, además de un mal olor en muchas áreas cercanas a la playa. Todas estas variables evidentementc te harán pensar si realmente vale la pena comprar en el área más allá de que hayan bajado los precios a uno más justo o simplemente decides comprar en otra parte de la ciudad. Estas consideraciones que son variables son las que crearían un desplazamiento en la curva de la demanda de la siguiente manera:

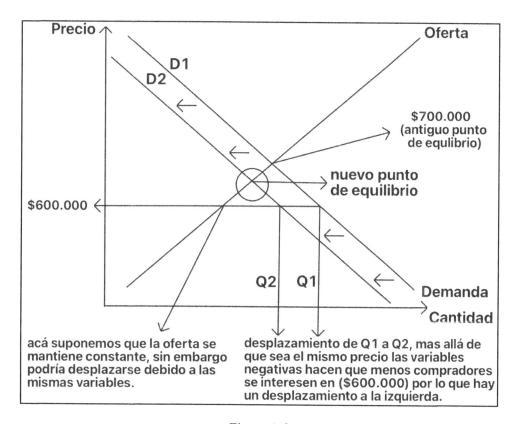

Figura A.9

De esta manera vemos cómo ocurre un desplazamiento en la curva de la demanda, el mercado muestra que, a un precio, en este caso $600.000, ahora hay menos cantidad de demanda debido a las variables que hacen que muchos compradores se pregunten si realmente vale la pena comprar en esa área.

33

Incluso con este ejemplo puede que tú seas uno de esos que ya no le interesaría vivir en una zona con esos problemas que puedan prolongarse por un par de años. Así que, según lo que en el ejemplo anterior donde evaluábamos el diagrama básico en factor precio establecido por la oferta y demanda *(ceteris paribus)*, $600.000 era un precio de oportunidad. Ahora, con estas variables, ya no nos parece tan atractivo y seguramente tampoco le gustará a cualquier otro comprador que conozca la situación. Más allá de que siga existiendo una demanda en el mercado, se desplaza la curva por la pérdida de demandantes alrededor de ese precio.

"El día que renuncias al 9 to 5 deberían hacerte un bautizo, es el comienzo de una nueva vida."

A.M.

Ley de oferta y demanda aplicada a los mercados financieros

Ya que hemos comprendido el diagrama básico de la ley de la oferta y demanda y el desplazamiento de las curvas es momento de ver cómo funcionan en los mercados financieros.

Más allá de que son muchos los que pueden participar en un mercado, incluyéndonos a nosotros, tenemos que aceptar que en la gran mayoría existen las ballenas. Estas no son más que los que tienen el mayor porcentaje de posesión de un activo, por ende, son los que pueden mover mayor volumen y así afectar drásticamente el precio en un mercado, en otras palabras, crear mucha oferta o mucha demanda.

Cuando hablamos del mercado de divisas, todos participamos en él. Es un mercado descentralizado, podemos acceder a divisas de miles de maneras desde miles de entes distintos. Es el mercado más grande del mundo. Se calcula que se negocian $6 billones todos los días. Para que tengas una perspectiva de lo grande que es el mercado de la bolsa de valores donde cotizan las empresas más grandes del mundo como Coca-Cola, Amazon, Apple, Tesla, entre otros, suma un volumen promedio diario de $25.3 mil millones, eso equivale a un 4% del tamaño del mercado Forex. Por esta razón para ser una ballena en este mercado debes mover un volumen gigante, ¿quiénes tienen ese potencial? Solo los bancos, fondos de inversión y otras grandes corporaciones.

Esto nos lleva a una conclusión muy importante, debo intentar seguir el juego de las instituciones y seguir su huella, debes aceptar que en este juego no tienes ni el 0.000000001% de volumen suficiente para afectar la oferta o la demanda, se trata solo de tomar un pedazo del pastel. Pero para esto debes entender el juego. Más allá de que tú no tengas la más mínima posibilidad de afectar el precio, sí puedes saber cuáles son las variables que las ballenas tomarán en cuenta y esto te llevará a dar con el sentimiento de mercado que estas puedan tener. Recuerda que los mercados financieros no se mantienen bajo el concepto *ceteris paribus*, pues aquí sí hay una cantidad enorme de variables constantes día tras día. Evidentemente habrá de bajo, medio y alto impacto. No debemos intentar entender miles de variables como si fuésemos una computadora cuántica, pero si no tienes la capacidad de interpretar y reconocer las variables de medio y alto impacto no conocerás las razones principales por las que se define la oferta y la demanda de la divisa en este caso.

Respecto al ejemplo del departamento, sería como analizar solo el precio ignorando todas esas variables negativas que ya están allí y van a repercutir en el precio, y cuando me pregunte por qué ya nadie quiere pagar alto, no lo entenderé.

Seguramente sabrás que todas estas variables que pueden afectar al mercado (situaciones sociales, políticas y económicas) son tarea de un analista fundamental, y durante muchos años se creó esa brecha entre definirse como un analista técnico (el que solo ve los gráficos) y un analista fundamental (el que estudia el sentimiento de mercado según las distintas variables). La verdad es que sí puedes ser un *trader* exitoso definiéndote solo como uno de estos. Y, según el mercado en el que estemos operando, puede que un perfil sea más útil que otro. Pero si podemos complementar conocimiento técnico y fundamental, la visión se vuelve mucho más clara y probablemente estés de acuerdo si entendiste que la oferta y la demanda pueden tener un desplazamiento. Ya verás que el gráfico, a través del análisis técnico, nos lo muestra también, pero cuando conoces las variables y el gráfico te da las señales todo toma más sentido.

De hecho, antes de analizar cualquier mercado debes hacerte tres preguntas básicas para poder entenderlo:

1) ¿Es centralizado o descentralizado?

2) ¿Quiénes son los que tienen mayor posesión del activo? (las ballenas)

3) ¿Cuáles serán las principales variables que afectarán la oferta y demanda?

"Paradójicamente no tradeo por dinero, tradeo por libertad, pero la libertad tiene un precio y se paga con dinero".

A.M.

Mercados centralizados y descentralizados

La primera pregunta me responderá cómo pueden participar los ofertantes y los demandantes. Si deseo adquirir una acción de Amazon debo abrir una cuenta en un bróker y hacer un registro con todos mis datos, este bróker debe tener acceso al NASDAQ, que es la única bolsa donde cotiza Amazon sus acciones, por lo que es un mercado centralizado.

Ahora, si deseo adquirir un Bitcoin voy a tener muchas más opciones ya que las criptomonedas son descentralizadas, por lo que puedo adquirir un Bitcoin a través de distintos Exchange o simplemente haciendo un intercambio con un amigo. Los mercados centralizados son más regulados por razones obvias, al ser una institución debe cumplir ciertas reglas y tener completa transparencia, en ese sentido los mercados regulados pueden arrojarnos muchos más datos a los analistas ya que al estar centralizado todo es medible. Por otro lado, en los mercados descentralizados los participantes pueden ser anónimos y las transacciones pueden ser invisibles a cualquier institución, eso hace que ciertos datos sean imposibles de obtener, por ejemplo, el volumen como indicador en un mercado descentralizado es prácticamente inútil, porque el volumen de compradores o vendedores que te pueda mostrar de un activo corresponderá solo al de esa institución o bróker, pero como existen cientos de miles de instituciones que están negociando el mismo activo en el mundo, se vuelve incalculable. Es como si intentaras ver el volumen de personas que están comprando o vendiendo limón en este momento, quizá solo puedas medir el de unos cuantos supermercados, pero tener un volumen exacto sería imposible. Ahora, cuando un producto solo se vende en un solo lugar, eso lo hace centralizado y el volumen como indicador tiene una gran utilidad. Por lo tanto, entender si un mercado es descentralizado o centralizado puede definir, entre muchas otras cosas, cuáles herramientas o indicadores pueden ser realmente correctos de utilizar y así evitar una falsa lectura de una variable.

"Muchas personas no quieren ser millonarias, solo quieren gastarse un millón de dólares."

A.M.

¿Quién co*o son las ballenas?

La segunda pregunta es clave y a veces es menos obvia de lo que crees. Se calcula que en el mundo hay 56 millones de millonarios; parecen muchos, pero es solo el 1% respecto a 5.400 millones de adultos en todo el mundo, y ese 1% posee el 45% de toda la riqueza personal global, y el 99% posee el resto. Más allá de eso, la mayoría del dinero que "posee" el 99% está en manos de bancos, fondos de inversión o instituciones que pertenecen al 1%. Así que la riqueza mundial está en manos de un pequeño grupo de ballenas.

Ahora, todo es relativo, puedes ser un pez más grande en una pecera más pequeña, es decir, una ballena en los mercados no se define por manejar volúmenes de millones de dólares, es simplemente porcentual, si yo tengo el 80% de las acciones de una empresa valorada en $1.000 y 20 socios restantes solo poseen 1% cada uno, sus participaciones individuales equivalen a 10$, y mi participación a $800, no es mucho dinero, pero el porcentaje me hace una ballena en esta empresa.

Cuando se trata de invertir, lo menos que deseas es que la decisión de unos pocos con información privilegiada o un gran mayor porcentaje de posesión pueda manipular el precio. Esto es lo que puede suceder cuando inviertes en un activo que no está bien distribuido. Seamos sinceros, en todos los mercados hay ballenas y pueden manipular el precio, pero hay casos descarados. Planteemos el siguiente ejemplo para entender la importante de esta pregunta:

Imagina que tú y yo hemos decidido crear un *token* llamado "*Fake*"

Decidimos sacar una oferta de 1.000.000 *fake* a $1 en el Exchange de turno, pero como nuestra meta es inflar esta moneda decidimos quedarnos con una buena cantidad de 500.000 *fake*.

Lo primero que podemos saber es que ya tenemos un 50% de dominio del *token fake*, eso nos hace una ballena, no somos una institución, un banco ni un fondo de inversión reconocido, pero ya somos unas ballenas en este token. Digo esto porque la mayoría asocia el nombre ballena con una gran institución, pero dependiendo el mercado puede ser simplemente una persona.

Como creadores de *fake* necesitamos captación de capital por lo que promocionamos nuestro token a través de todas las plataformas posibles e intentamos entrar en Exchange que muevan más volumen de dinero.

Después de haber promocionado fuertemente nuestro token hemos logrado un *marketcap* de más de $10.000.000 por lo que *fake* ya está cotizando alrededor de los $10.

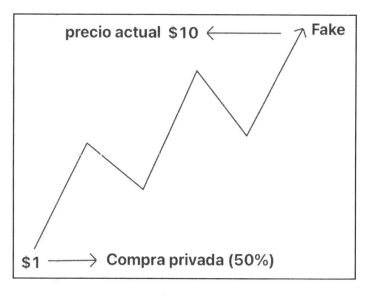

Figura B.1

En este punto ya nuestros tokens (500.000) tienen un valor de unos $5.000.000 y decidimos liquidar unos cuantos para tomar ganancia, al ser los ofertantes más grandes que existen y conociendo ya la ley de oferta y demanda sabemos que no podemos vender una gran cantidad porque no alcanzaría al ritmo de los demandantes y crearía una oferta no vendida muy grande que derrumbaría el precio. Por lo que decidimos ir con calma y vender solo 100.000 *fake*, al ser un 10% de la oferta total irá creando una oferta no vendida y por ende una corrección en el precio, pero que aún puede mantenerse buscando nuevamente un equilibrio, y de esta manera ya hemos tomado ganancia.

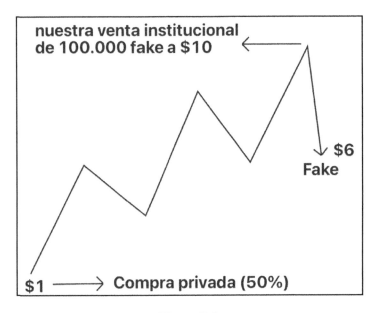

Figura B.2

Después de nuestra venta, que podría llamarse institucional, donde aumentamos radicalmente la oferta, el precio ha caído a $6. En este punto decidimos hacer una jugada importante, traer a la mesa una variable tan fuerte que cree una demanda insatisfecha e incluso que desplace la curva de la demanda. Decidimos llamar a nuestro buen amigo Elon Belfort que tiene millones de seguidores en las redes sociales y le pedimos que promocione nuestra moneda, y al hacerlo el resultado es positivo. Hemos llegado a millones de personas que se volvieron nuevos compradores creando así una demanda insatisfecha lo que no solo desplaza la curva de la demanda a la derecha ya que ahora muchos más compradores están dispuestos a adquirir *fake* en $6, sino que dispara el precio a las nubes al ver el nuevo *partner* del *token*.

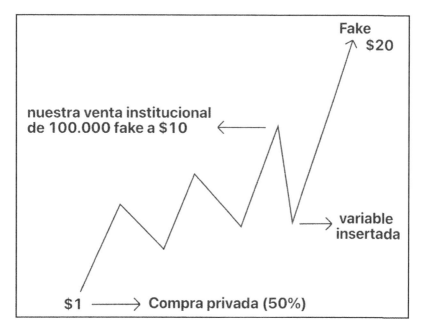

Figura B.3

Nuestra variable insertada ha sido un éxito y tanto los demandantes han respondido de maravilla creciendo en cantidad como los ofertantes menos dispuestos a vender su token porque va a la luna. Muy posiblemente nuestra variable insertada comenzará a perder fuerza en los próximos días, así que decidimos hacer un último movimiento: vender nuestros 400.000 *fake* restantes a un buen precio de $20.

Evidentemente sabemos que esto creará una oferta no vendida y que comience a caer el precio rápidamente, pero como nuestro único objetivo es obtener ganancias procedemos a vender nuestros *fake*.

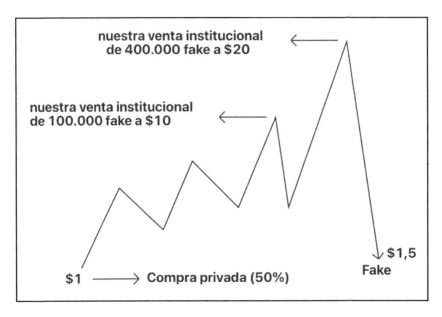

Figura B.4

Y de esta manera hemos creado tal oferta que la demanda no puede hacerle el más mínimo equilibrio, seguramente no hemos podido liquidar los 400.000 *fake* a $20, pero sí que hemos podido vender todo alto con la consecuencia de enviar el precio prácticamente a cero. En este punto muchos inversores que poseen el token aún no entenderán lo que sucedió y tendrán la expectativa de que el precio pueda llegar nuevamente a su máximo histórico, pero en este caso los *CEOs* se han quedado con cero *tokens* en su *wallet* por lo que es muy poco probable que se vean motivados a promocionar nuevamente el proyecto o en invertir en desarrollar un proyecto que sustente el token que no poseen, esto solo significa malas noticias para sus *holders*.

Debo aclarar que con este ejemplo no pretendo dar a entender que esto es lo que sucede allá afuera con todos los tokens en el mercado de hecho, los proyectos *DeFi* que por cierto es una abreviatura de "finanzas descentralizadas" utilizan distintas estrategias para distribuir un token. Allí entra una de las etapas más importantes conocida como el "*genesis distribution*", donde se definen las condiciones iniciales de una red o se determina quién posee tokens y cuántos de ellos tienen en el lanzamiento de la red.

Posterior a esto vienen los mecanismos de distribución a lo largo del tiempo que deben estar definidos, comenzando por los más comunes que pueden ser *Initial Coin Offerin (ICO), Initial DEX Offering (IDO), Passive Airdrops* (donde se les asignan tokens a los participantes públicos pasivos). Incluso puede haber *Internal Allocaction* (donde se le asignan tokens a quienes participan en el proyecto como compensación, como socios, parte del equipo, desarrolladores).

No existe un modelo de distribución único, todos pueden ser distintos, pero por supuesto lo importante es que el planteado se cumpla para que exista una distribución justa y lo más equilibrada posible.

Muchos tokens se sustentan en proyectos sólidos, sus desarrolladores son reales y se muestran a sus inversores, tienen equipos que trabajan constantemente en el proyecto que lo sustenta, entre otros aspectos importantes a la hora de evaluarlo. Con todo esto lo que sí pretendo mostrar es lo susceptible que puedes ser cuando colocas tu dinero en proyectos que nacen con el simple objetivo de captar dinero y desaparecer. Cabe destacar que no todos los proyectos que fracasen nacieron con ese objetivo, muchos tenían una visión a largo plazo, pero simplemente las variables, esas de las que tanto venimos hablando, no fueron lo suficientemente fuertes para impactar de manera positiva en los oferentes y demandantes.

Entender quiénes son las ballenas no suele ser tarea fácil en los mercados descentralizados, recuerda que los activos pueden estar distribuidos en demasiados lugares, billeteras, bancos, Exchange o incluso en físico. Algunas ballenas pueden quedar descubiertas a la hora de hacer un movimiento y dejar su huella, como puede pasar en la *blockchain* donde puedes identificar billeteras con más de 1000 Bitcoin y luego monitorearlas, sin embargo, no sabrás a quién pertenece la dirección a menos que lo hayan hecho público.

Respecto al mercado de divisas quizá solo podamos identificarlas por sentido común, al ser el mercado más grande del mundo, solo instituciones como bancos, fondos de inversión y grandes corporaciones pueden pertenecer a esta clasificación. Esta podría ser una de las desventajas de los mercados descentralizados, lo difícil es tener una información aproximada de cómo está distribuido el activo. Los mercados centralizados son, en su mayoría, regulados y, por ende, les obliga a ser más transparentes, es mucho más fácil descubrir quienes son las ballenas de hecho, en empresas que cotizas en el NYSE *(New York Stock Exchange)* como Boeing, HSBC, Microsoft hacen públicas su distribución en las acciones. Te invito a escanear el siguiente QR donde podrás ver la distribución en las acciones de Amazon en *Yahoo Finance* y juzgar quiénes pueden ser las ballenas.

Figura B.5
Amazon Inc. (lista de accionistas)
Fuente: Yahoo Finance

Como señalaba, Amazon cotiza en el NASDAQ por lo que si deseas adquirir acciones debes acceder a este mercado específicamente a través de un bróker, eso lo hace centralizado. Una ventaja importante que puedo tener como inversionista es el acceso a la información de la distribución en sus acciones, de esta manera puedo ver si están bien distribuidas, y ver quiénes son las ballenas.

Si escaneaste el QR seguramente lo primero que pudiste observar es el desglose de accionistas principales, en el momento que escribo este libro me presenta el siguiente desglose:

9,88%	→ de acciones controlado por personas con información privilegiada.
60,46%	→ de acciones controlado por instituciones.
67,08%	→ de capital flotante controlado por institucion
5.347	→ Número de participaciones de instituciones.

Lo que quiere decir que hay una fuerte participación institucional, pero evidentemente no será una sola, así que si indagas un poco más encontrarás la lista de los principales accionistas. Instituciones en la que actualmente figuran nombres como *Vanguard Group, Inc.,* que es uno de los gestores de fondos más grandes del mundo y para la fecha nos revela que posee 39.965.498 acciones, también figura el gran *BlackRock,* considerada como una de las gestoras de activos más grande del mundo con diez billones de dólares bajo manejo en enero de 2022, y para la fecha nos revela este enlace que posee 29.143.882 acciones de Amazon. Y la lista sigue hasta la parte inferior señalando las participaciones de las respectivas instituciones.

¿Recuerdas el ejemplo de *token fake*? Tú y yo como creadores del token teníamos información privilegiada al saber en principio cuál era el objetivo, que en ese caso era solo obtener una ganancia y luego dejar morir el proyecto.

Segundo, sabíamos cuándo iba a entrar una variable que podía hacer subir el precio, como la publicación de nuestro amigo *influencer*. Tercero, sabíamos sobre el alto volumen de ventas que hicieron bajar el precio. Por esa razón las personas con información privilegiada se les considera a los que ocupan un puesto dentro de la cúpula de la empresa, si quieres saber quiénes ocupan actualmente esa lista en Amazon con un 9,88% de las acciones puedes escanear el siguiente QR:

Figura B.6
Amazon Inc. (lista de personas con información privilegiada)
Fuente: *Yahoo Finance*

No es sorpresa que el primero que encabeza la lista es precisamente BEZOS JEFFREY P mejor conocido como Jeff Bezos, fundador y director de

Amazon con 49.880.000 acciones actualmente, lo que equivale a menos de un

10% de la empresa. Otro nombre importante con un buen número de acciones (94.728) es JASSY ANDREW, director ejecutivo de Amazon. Evidentemente al ser dos personas en la cúpula de la empresa van a conocer mejor que nadie los siguientes movimientos de esta, más allá de que prácticamente toda la información pueda ser pública como el balance general, flujo de caja entre otros informes, las personas que dirigen la empresa, proyecto o las decisiones sobre el activo, siempre van a tener información privilegiada.

En ese sentido lo ideal es un equilibrio, porque algo si podemos dar por hecho: por el bien del activo siempre es sano que un buen porcentaje permanezca en las manos de su creador, de lo contrario da la sensación de un capitán que acaba de saltar del barco, o un socio en la empresa que dejó de tener algún mínimo porcentaje de participación en ella. Si Mark Zuckerberg vendiera todas las acciones de Meta daría mucho que pensar, o Jeff Bezos sin acciones de Amazon o ¿qué me dirías de La Reserva Federal en sus bóvedas sin un dólar y llenas de cualquier otra divisa? Que la institución, sea cual sea, un banco, un CEO, un socio o incluso una persona que es parte del equipo de un proyecto posea parte de lo que emite con un valor, no garantiza, pero da la confianza de que se buscara un crecimiento en el valor del mismo.

Todos quieren tomar jugosas ganancias

Al tener frente a tus ojos una inversión que se ha multiplicado por 100 lo primero que tendrás es una carga de dopamina en tu cerebro viendo una cifra gorda, si esa inversión es en un proyecto muy sólido quizá tu primer pensamiento es tomar una ganancia. Pero sabes que, si tienes paciencia, a mediano o largo plazo obtendrás aún más, pero si ese rendimiento aún no parece estar sustentado en una base sólida no solo las ballenas, sino el público en general (*retail*) pueden comenzar a vender en masa y provocar fuertes caídas del precio.

Una figura que se ha utilizado en muchos mercados para prevenir este tipo de eventos son los contrato *vesting*, funciona como un mecanismo de protección para garantizar la permanencia de los socios fundadores o personas en la cúpula que posean acciones. Esta práctica es aplicada incluso en startups de Silicon Valley donde los fundadores aceptan las acciones con la condición de no venderlas de vuelta a la empresa durante un tiempo determinado o hasta el cumplimiento de ciertos objetivos. Actualmente es muy común verlo en el mercado como el de las criptomonedas donde muchas despegan como un cohete y generan un alto rendimiento a sus primeros inversionistas, pero si estos han entrado a través de contratos *vesting* solo podrán vender cierto porcentaje mensual y de esta manera no crear una oferta no vendida.

No es tarea fácil saber quiénes son las ballenas y mucho menos sus intenciones, pero luego de hacer alguna pequeña búsqueda y entender quiénes pueden ser las ballenas dependiendo del tipo de mercado, sí que sabré cuáles serán las variables que les interesan. Porque, al final del día, la mayoría de las decisiones las toman con base en las variables económicas a las que nosotros también tenemos acceso.

Y digo la mayoría porque habrá situaciones en las que vemos tendencias en los mercados que contradicen los principios de la economía, en ese punto puede que se trate precisamente de una información privilegiada a la que no tenemos acceso.

"Tener un gran futuro no depende
de haber tenido un gran pasado,
construye tu futuro hoy."

A.M.

Variables

Hacer un análisis técnico *(ceteris paribus)* haría referencia a la misma situación que aprendimos en el diagrama básico de oferta y demanda, donde el precio solo es una reacción a la cantidad de ofertantes y demandantes. Sería como colocar una zona de demanda y esperar que reaccione a la misma en una dirección alcista en base en que me mostró en el pasado que allí hay un dominio de compradores. Esto tiene todo el sentido del mundo y repito que es posible y, según yo, válido para hacer proyecciones o especulaciones, pero más allá de eso, si logramos comprender cuáles son las variables que despertarán el interés de los compradores y los vendedores evidentemente tenemos la posibilidad de construir un análisis más fuerte. Tomar en cuenta estas variables no hace que tu análisis sea netamente fundamental, pero si pudiéramos hablar de un análisis técnico sustentado en un análisis fundamental o viceversa.

Seguramente te preguntarás: ¿cuáles son esas variables? De nuevo la respuesta es: depende el tipo de mercado. Te dejaré algunos ejemplos de tres distintos mercados para que tengas una idea de lo diversas que pueden ser las fuentes de donde provienen variables de mayor impacto:

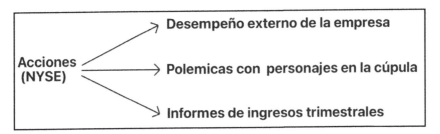

Figura B.7

Figura B.8

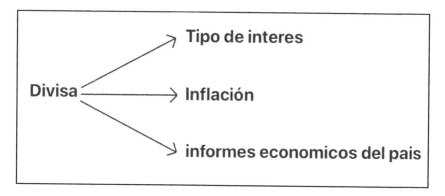

Figura B.9

Cada mercado tiene variables particulares que podemos considerar de mediano o alto impacto en el precio, sí es cierto que hay variables que pueden afectar a todos en general, como una recesión económica mundial, una pandemia o una guerra como sucedió en el presente año 2022 entre Rusia y Ucrania. Sin embargo, podemos sacarles provecho si las sabemos interpretar, por ejemplo: una pandemia que trae como consecuencia una cuarentena mundial crea pánico en los mercados, por lo que se pueden esperar subidas en activos refugio, y allí podemos voltear a ver el oro, que mostrará una tendencia alcista.

El mismo sentimiento de pánico puede provocar caídas en los índices o acciones donde las personan tienden a colocar sus ahorros o inversiones, ya que todos ante la situación de incertidumbre prefieren asegurar su dinero, aumentando así el nivel de oferta a tal punto que se aprecian caídas verticales en estos mercados. En el caso del mercado Forex al enfrentar dos activos y ser más estables, se vuelve un juego de la divisa menos mala. Es decir, al verse afectada la economía de todos los países provocando una recesión económica mundial, todas se verán afectadas, pero la economía mejor preparada para ese momento irá ganando más allá del ciclo económico que pueda estar atravesando, mientras la más débil terminará de desplomarse con mayor velocidad.

Al estudiar un escenario de una manera más elaborada descubrirás como una variable puede comenzar afectando a un mercado y terminar contagiando a otros bajo la ley de oferta y demanda, un buen ejemplo fue la cuarentena que vivió la población mundial a consecuencia de la pandemia del año 2020. En principio fue una variable muy negativa para la industria transportista, como las líneas aéreas, cruceros y vehículos en general reduciendo su actividad prácticamente a cero, esto hizo que la industria petrolera perdiera prácticamente toda su demanda a consecuencia de esa situación, provocando fuertes caídas en el crudo, pero no termina allí, la divisa de países cuya economía estaba basada principalmente en el petróleo, generó desconfianza y de inmediato hubo menos interesados en esa divisa.

De esta manera es como puede crearse una tormenta perfecta en la que se desencadena una serie de variables que van contagiando distintos mercados.

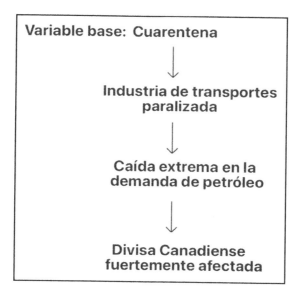

Figura C.1

Una tormenta perfecta en la oferta y la demanda

Cuarentena

Más allá de la pandemia y el miedo que esta pueda despertar en los mercados, provocando desplomes por ese sentimiento, el factor crucial para esta correlación es el hecho de la *cuarentena*, es el aislamiento que se establece para evitar expandir el contagio o ser contagiado, en este caso por un virus. Esta *cuarentena* mundial es la primera pieza que crea el efecto dominó, ya que las caídas ocasionadas no solo serían por el factor miedo, sino que realmente esta situación puede paralizar una industria completa al dejarla sin demanda.

Industria de transporte paralizada

Durante la cuarentena de 2020 por Covid-19, empresas gigantes de la industria transportista que cotizaban en la bolsa como *Boeing* mostraron una caída de más de un 70%.

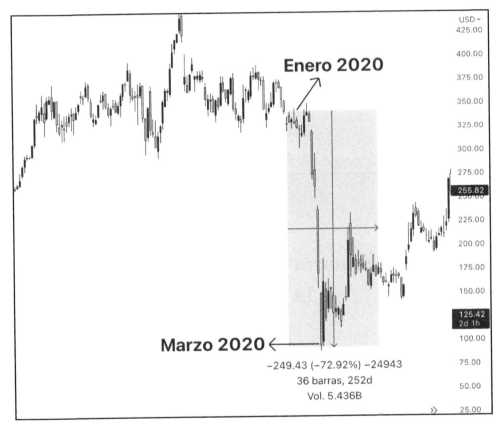

Figura C.2

Fuente: www.Tradingview.com - *Boeing Company*

Otra de las grandes como *Royal Caribbean Cruises*, que también cotiza en el NYSE, al detener su flota durante la pandemia mostró pérdidas sin precedentes, con una caída de más del 80% en el precio de sus acciones, pero en este ejemplo quiero mostrarte algo **clave**, presta atención a la siguiente imagen:

Figura C.3

Fuente: www.Tradingview.com - *Royal Caribbean Cruises.*

Este es un claro ejemplo de correlacionar entre el análisis fundamental (variables) con el análisis técnico (formaciones) y no asumir las formaciones solo bajo el principio de oferta y demanda *(ceteris paribus)*.

Podemos ver cómo se forma un rango durante un período aproximado de dos años y medio, desde mediados de 2017 hasta febrero de 2020, período en el cual los movimientos responden a la zona de oferta alrededor de $130 por acción, mostrando cuatro rechazos, y una zona demanda alrededor de los $100 por acción.

Basándonos en el diagrama básico de la ley de oferta y demanda, podemos reconocer un nivel de oferta no vendida en $130, al parecer los compradores no están dispuestos a pagar más de ese precio por acción, creando allí esa resistencia. Por otro lado, podemos ver un nivel de demanda en los $100, mientras más rechazos se completen en estos niveles más fuertes se hacen, ya que comienzan a ser niveles vigilados por los participantes.

En este tipo de rangos se le puede sacar mucho provecho al mercado ya que muestra de una manera simple los niveles de oferta y demanda, y mientras más alto el rango mayor el rendimiento. En este caso estamos hablando de un 30% de rendimiento que puedo obtener por comprar acciones en $100 y vender en $130, pero recuerda que para ganar en los mercados no solo debo poseer el activo, puedo operar acciones a través de CFDs por ejemplo, y abriendo una posición en corto desde $130 hasta $100 puedo obtener el mismo rendimiento o incluso más si tengo algún tipo de apalancamiento.

La variable **clave** aparece en febrero de 2022 con el anuncio de la pandemia de Covid-19, y además aparece en el nivel clave de $100, donde había un fuerte interés de compradores, esto sería un ejemplo de cómo puede desplazarse la curva de la demanda drásticamente con una variable. En ese punto con lo que *representa Royal Caribbean Cruises,* como una empresa de turismo y con una población confinada se vuelve de inmediato una de las peores empresas para invertir más allá de su precio, y les dice a los accionistas que es momento de vender de ese activo.

Diagrama básico de Ley de oferta y demanda
para el periodo 2017 hasta febrero 2020
(Royal Caribbean Cruises)

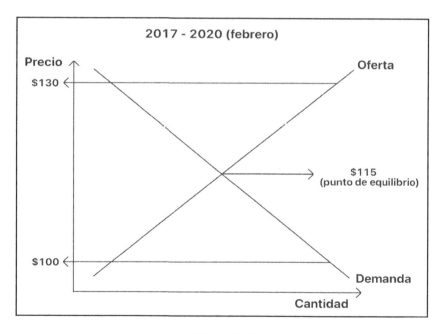

Figura C.4

Es hasta $20 dólares por acción donde vuelve a despertar el interés de los compradores y donde luego podemos apreciar un fenómeno psicológico con este nuevo diagrama que puedo establecer en el momento actual.

Figura C.5

Fuente: www.Tradingview.com - *Royal Caribbean Cruises.*

Me gustaría hablarte de dos fenómenos importantes que se pueden apreciar en este gráfico, el primero es el que sucede en el nivel de $100 pospandemia, es decir, luego de haber tocado $20 por acción y recuperarse. Todo ese tramo de tiempo mantuvo en negativo a todos los compradores que adquirieron a $100 la acción antes de la variable pandemia y, a juzgar por la zona evidente que venía formando y que vimos en el diagrama anterior, seguramente fueron muchos. Eso juega un papel psicológico importante ya que es una etapa amarga para esos inversores, en la que los días pueden ser lentos esperando una recuperación para poder ver por lo menos el dinero que invirtieron, por lo que al llegar nuevamente muy cerca de ese precio ($100) estos toman acción viendo las posibilidades de recuperar su dinero, y de esta manera se crean soportes que se vuelven resistencia.

El segundo fenómeno que podemos ver es el nuevo rango formado en un punto donde parece haberse desplazado la curva de la oferta y la demanda.

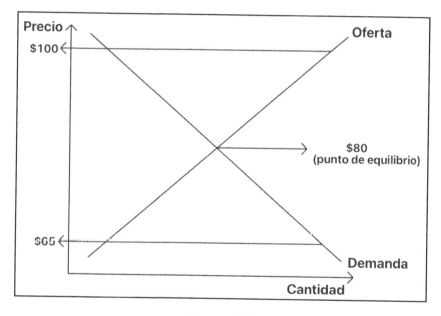

Figura C.6

Por lo que $100 pasa a ser ahora un nivel con interés de vendedores y $65 un nivel por interés de compradores, quiero hacer notar la altura del rango, donde de nuevo el precio comienza a fluctuar en un rango de 3000 *pips*, lo que representa un 30%, muy similar al rango anterior, este detalle es clave porque veremos múltiples ejemplos de cómo los mercados son proporcionales y crean estos rangos repetitivos también en su ritmo de apreciación y devaluación.

Caída extrema en la demanda de petróleo

Los países petroleros saben muy bien que deben organizarse para poder hacer un equilibrio entre la oferta y la demanda, si no su preciado oro negro perderá valor en el mercado. Por esto han buscado unirse y crear instituciones fuertes como la OPEP (Organización de Países Exportadores de Petróleo), que busca unificar y coordinar las políticas petroleras entre los países miembros, pero hay situaciones que incluso a las instituciones se les van de las manos.

En este caso, el petróleo sería la tercera pieza del efecto dominó que, a consecuencia de la caída extrema en los demandantes, su precio comienza a bajar como un ascensor, uno de los factores que agudiza la caída es los contratos de petróleo que se venden a futuro. Los contratos de futuro se firman entre dos partes, donde una de las partes se compromete a comprar algo en una fecha determinada, a un precio determinado, y evidentemente la otra parte se compromete a venderlo bajo las mismas condiciones, esto se conoce como operaciones de cobertura.

Este tipo de contrato se volvería contraproducente por la rapidez con que la pandemia paralizó al mundo y al consumo de los derivados de petróleo como la gasolina, aceites, coque, entre otros. Dependiendo del mercado, los contratos pueden funcionar de distintas maneras, pero lo que sucedió con el caso particular de NYMEX es que en la bolsa de materias primas de New York los futuros se liquidan entregando el producto directamente al comprador. Cuando el contrato vence, el propietario tiene unos días para indicar cómo y dónde quiere su mercancía. Si este no consigue un comprador que pueda almacenarlo o utilizarlo en un proceso de producción como en una refinería, este contrato vence y toca almacenar los barriles a nombre del dueño para que este pueda negociarlos en otro momento, esto tiene un coste y al no haber compradores todo comenzó a colapsar a tal punto que no había donde almacenarlo. Rápidamente comenzaron a colapsar los almacenes, incluso uno de los principales en Oklahoma, Estados Unidos, donde tenían capacidad para acumular más de 70 millones de barriles. Y por si fuera poco faltaban pocos días para vencer miles de millones de dólares en contratos de futuro del petróleo.

Figura C.7

Fuente: www.Tradingview.com - Contratos por futuro de Petróleo, WTI.

Todo este escenario entre marzo y abril del año 2020 provocó que los contratos a futuro sobre el barril de petróleo lleguen a cotizar en 0, e incluso se puede hablar de una cotización negativa de hasta – 40. Los inversores al prever que no tendrían la capacidad de guardar la materia prima en un futuro preferían pagar $40 por barril a quien quisiera hacerse responsable del producto. Recuerda que no estamos hablando de un líquido como el agua que simplemente podrías botar en cualquier lugar.

Divisa Canadiense fuertemente afectada

En la mayoría de los casos los países tienen una economía basada en una industria específica, buscarán obtener beneficios de todos recursos con los que puedan contar dentro de su territorio. Algunos tienen bellezas naturales y explotan el turismo, otros tienen riqueza bajo los suelos y explotan la minería, otros poseen tierras fértiles y explotan la agricultura, otros tienen recursos humanos y explotan la producción.

La economía de Canadá como sociedad es rica, tiene un PIB superior al billón de dólares. En cuanto a sus recursos, son muy diversos, pero indiscutiblemente destacan los minerales, el gas natural y el petróleo, tanto así que estas operan en doce de las trece provincias del país, por lo que sostiene un número muy importante de puestos de trabajo a lo largo del territorio.

En Ontario, una de las principales provincias, operan más de 1000 grandes empresas que proporcionan bienes y servicios a las explotaciones petrolíferas canadienses. Un factor muy importante aunado a esto es que el cliente principal de Canadá para este producto es Estados Unidos con un 73,3% y luego China con apenas un 4,8%, por lo que el factor demanda por parte de Estados Unidos es vital. No podemos decir que Canadá basa su economía solamente en el petróleo, pero si genera mayor impacto en la misma.

Veamos esta primera correlación clara desde enero de 2003 hasta junio de 2008.

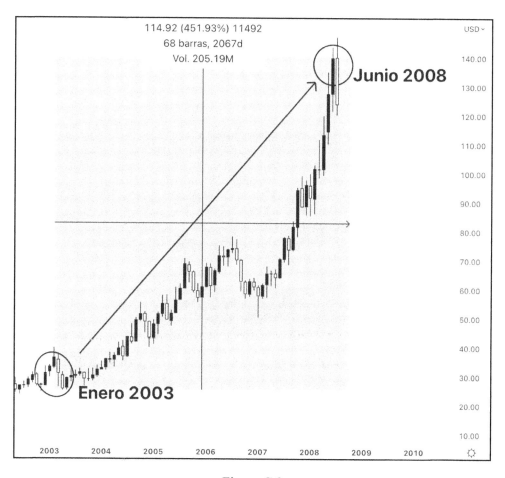

Figura C.8

Fuente: www.Tradingview.com - Contratos por futuro de Petróleo, WTI.

Para este punto el petróleo estaba marcando su ATH *(all time high)* un increíble rendimiento de 450% en los últimos 5 años. Era la época de apogeo para los países que contaran con la suerte de tener este oro negro bajo sus suelos, como el caso de Canadá.

En el siguiente gráfico podremos apreciar todo el terreno que tomaba el dólar canadiense frente al dólar.

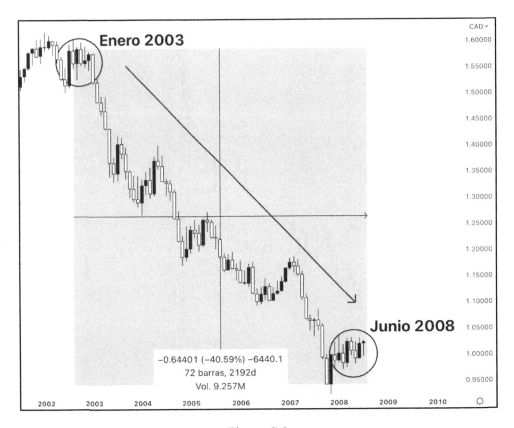

Figura C.9

Fuente: www.Tradingview.com - USD/CAD

Analizando el mismo período de tiempo en el gráfico donde enfrentamos al dólar canadiense frente al dólar americano, se puede apreciar un rendimiento de 40% a favor del dólar canadiense, pasando de cotizar CAD 1.6 por dólar americano en 2003 a CAD 0.95 por dólar americano en 2008, es decir llego a valer más el dólar canadiense durante ese periodo de tiempo.

Pero para que a Canadá le vaya bien, a su vecino Estados Unidos también le tiene que ir bien, ya que es su principal socio comercial, sobre todo en la industria petrolera, y justo en ese año, sucede algo importante: la recesión económica de 2008, donde explota la burbuja inmobiliaria en Estados Unidos y afecta la economía mundial. Esto envía el precio del petróleo a niveles de $40 dólares por barril, frenando el avance del dólar canadiense frente a las demás divisas.

Podemos ver muchas correlaciones claras a lo largo de los años entre el petróleo y la divisa canadiense, pero un último ejemplo clave es el caso pandemia que correlaciono para evidenciar cómo la divisa fue la cuarta pieza del efecto dominó, y solo por llegar a este punto, porque si indagamos un poco más encontraremos luego una quinta, sexta y hasta séptima pieza.

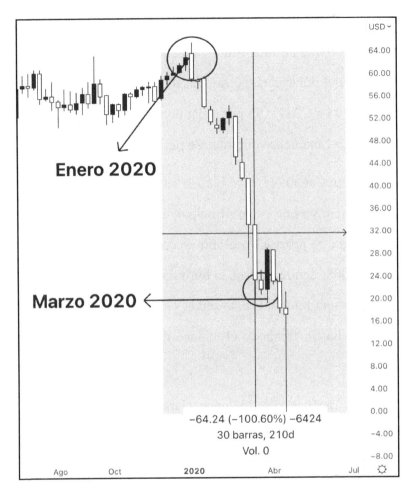

Figura D.1

Fuente: www.Tradingview.com - Contratos por futuro de Petróleo, WTI.

El Q1 de 2020 es un trimestre que la industria del petróleo seguramente quiere olvidar. Desde que comenzó el año el crudo fue cayendo en picada, ya muchos indicadores económicos parecían mostrar una posible recesión económica a la vuelta de la esquina y la cereza del pastel fue la pandemia para enviar los contratos de futuro por barril de petróleo a cero como vimos en un ejemplo anterior.

Marzo 2020 ←

Enero 2020 ←   −0.16759 (−11.43%) −1675.9
                -25 barras, -175d
                Vol. 19.55M

Figura D.2

Fuente: www.Tradingview.com - USD/CAD TF: semanal

Desde un punto de vista técnico el USD/CAD mostraba patrones bajistas incluso en temporalidades altas como el semanal, marcando incluso mínimos de más de dos años, y lo que parecía un retroceso de mercado en enero de 2020 termina convirtiéndose en un impulso agresivo alcista de más de 1500 *pips* en pocas semanas, lo que en este par representa un 11% de devaluación para el dólar canadiense. Ese porcentaje puede parecer nada para mercado volátiles como el de las criptomonedas, pero para la economía de un país este desplazamiento a tal velocidad amerita tomar decisiones rápidas y estratégicas en la política monetaria para evitar un colapso interno siguiendo el efecto dominó.

"Sueña en décadas, planea en años,

ejecuta en semanas y vive en días."

A.M.

Ley de oferta y demanda aplicada a forex

Ha llegado el momento de plantear la ley de oferta y demanda al mercado Forex. Lo primero que debo aclarar es que cuando hable de nuestras acciones como trader utilizaré el término de posicionarme en corto cuando se trate de venta, y posicionarme en largo cuando se trate de compra, por una cuestión netamente técnica, ya que es un mercado que operamos a través de CFDs (contratos por diferencia). Es decir, realmente no estamos comprando ni vendiendo nada, solo posicionándonos ante el bróker. Por otro lado, en cuanto a las instituciones, como bancos o fondos, sí podríamos hablar de compra, venta o intercambio ya que si trabajan con el activo como tal y mueven sumas importantes de dinero.

Es este mercado las protagonistas son las divisas, podemos definirlas como un activo financiero que se puede invertir, ahorrar, solicitar o prestar. Como cualquier activo financiero debe tener valor medible, es decir, necesito comparar la divisa con algún otro activo para saber si se está apreciando o devaluando respecto a ese otro.

El valor de una divisa

La historia de cómo ha evolucionado esa necesidad de medir la divisa hasta llegar al mercado Forex como lo conocemos hoy en día nos lleva a la etapa final de la segunda guerra mundial. En el año 1944 se celebró un congreso en

Bretton Woods (New Hampshire, Estados Unidos), esa reunión iba a definir las líneas que determinarían el funcionamiento de la economía mundial luego de finalizar la guerra. Uno de los acuerdos más importantes fue el establecimiento del patrón dólar, pero vinculado al oro, es decir, el dólar iba a ser la moneda referencia para todas las demás divisas. De esta manera ya tendríamos ese activo financiero base con el que podemos medir otra divisa, pero para ese momento lo más importante es que el dólar a su vez tenía como referencia el oro, donde cada onza se fijaba a 35$, esto quiere decir que al final del día todas las divisas seguían el patrón oro, ya que los bancos centrales podían cambiar dólares por oro y viceversa a través de la reserva federal.

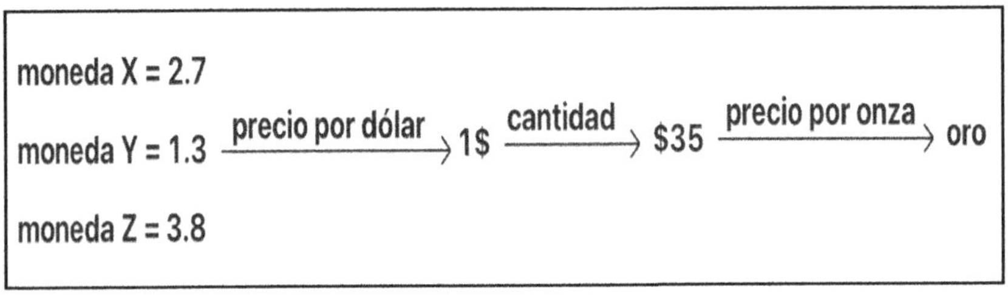

moneda X = 2.7
moneda Y = 1.3 $\xrightarrow{\text{precio por dólar}}$ 1\$ $\xrightarrow{\text{cantidad}}$ \$35 $\xrightarrow{\text{precio por onza}}$ oro
moneda Z = 3.8

Figura D.3

En el diagrama se puede observar cómo se seguía un patrón oro, ese sistema fue estable durante varios años gracias al equilibrio entre la oferta y la demanda de dólares, pero a mediados de los 60 el oro despertó un interés en inversionistas que comenzaron a adquirir grandes cantidades de oro, pues especulaban una subida en el precio, por lo que su interés era almacenarlo y venderlo cuando este cotizara sobre los \$35 y comprarlo de nuevo cuando cayese, esto comenzó a crear desconfianza en el dólar.

Se hicieron intentos para defender el valor del preciado metal, uno de ellos fue el famoso pool de oro en el que se suscribieron los bancos centrales de Estados Unidos, Alemania, Bélgica, Francia, Reino Unido, Italia, Suiza y Holanda. En este acuerdo se estableció que entre los bancos centrales las transacciones se llevarían a cabo a un precio de $35 la onza, mientras que en el mercado libre el precio lo iba a determinar simplemente la oferta y la demanda. Este famoso pool de oro solo se sostuvo hasta finales de los sesenta. El contexto político y económico de esos años con una inflación mundial, la guerra de Vietnam, y Estados Unidos en déficit comercial llevó a una conversión masiva de dólares en oro, cada vez era mayor la desconfianza o incertidumbre hacia el dólar por lo que la Reserva federal estaba sufriendo un vaciado de oro.

En el año 1971, ante la grave situación de la reserva federal, el presidente Richard Nixon de los Estados Unidos suspende la convertibilidad de dólar a oro. Esto marca un antes y un después en la economía mundial, ya que ahora los dólares no estaban respaldados por el oro, sino que pasaban a ser dinero *"fiat"*, es decir, el dólar pasa a estar respaldado por la autoridad que lo emite y la confianza de la población que lo posea. En este punto, las divisas pasaron a fluctuar libremente en los mercados, evidentemente bajo la vigilancia de los bancos centrales que son la autoridad monetaria y aplican distintas políticas sobre su dinero.

Si algo podemos tener claro es que esos especuladores que buscaban respaldarse en oro estaban teniendo una buena lectura de las variables, quizá no había un análisis técnico por hacer ya que el precio era el mismo y no fluctuaba ($35) pero sabían que los factores sociales, políticos y económicos crearían ese colapso inflando el precio del oro. Veamos el rendimiento que pudieron conseguir hasta la fecha los compradores de oro durante el acuerdo de Bretton Wood:

Figura D.4

Fuente: www.Tradingview.com - DXY
Temporalidad: Mensual

hasta 1971, año donde culmina el acuerdo *Bretton Wood*, todos los que habían invertido en oro estarían en ganancia desde el día uno. Podemos ver que hasta la fecha el rendimiento de su inversión sería de 5397%, pasando de cotizar de \$35 en la onza en 1971 hasta \$1900 la onza en mayo de 2022.

Después del fin del patrón oro, el dólar no perdió su protagonismo, hasta la fecha sigue siendo la moneda más líquida del mundo y de uso global, el principal índice de divisas es el DXY (índice del dólar) que nació dos años después de la decisión del presidente Richard Nixon, en 1973 la Reserva Federal desarrolla este índice para proporcionar un valor promedio ponderado del dólar frente a las principales divisas del mundo, tomaron en consideración 10 monedas: el marco alemán, la lira italiana, el florín holandés, el franco francés, el franco belga, el yen japonés, la libra esterlina, el dólar canadiense, el franco suizo y la corona sueca. En 1999 las primeras seis divisas serían sustituidas por la introducción del por el euro (EUR).

Este índice se creó con un valor de 100 por lo que, cuando está sobre ese nivel, el precio del dólar estaría más fuerte, y cuando está bajo los 100 estaría más débil respecto a ese año. Por lo menos respecto a las seis divisas que lo componen actualmente, lo importante del índice es que nos permite ver la tendencia del dólar y los niveles de oferta y demanda a los que pueda reaccionar.

Figura D.5

Fuente: www.Tradingview.com - DXY
Temporalidad: Mensual

En las fluctuaciones desde 2015 hasta el primer trimestre de 2022 podemos ver cómo ha establecido un nivel de demanda alrededor de los 90 y un nivel de oferta alrededor de 103, donde actualmente está cotizando. Esto quiere decir que estamos en un nivel clave y determinante donde claramente en el pasado ha mostrado interés de vendedores y quizá no sea el precio más atractivo para los compradores, pero solo las variables determinarán la actuación de las instituciones en ese nivel, variables de las cuales hablaré más adelante.

La divisa como activo individual

FOREX (*Foreign Exchange Market*) como su nombre lo indica, es un mercado de divisas, y como en todo mercado se intercambia un activo por otro, este nos muestra particularmente las cotizaciones entre una divisa y otra. Parece obvio, pero muchos no entienden las consideraciones que eso conlleva a la hora de analizar. La clave para entender la oferta y demanda en el mercado de divisas de una manera mucho más simple es comenzando por analizarlas como un activo individual y no enfrentándola con otra, el motivo de esto es que cuando cruzas unas divisas, por ejemplo, divisa "A" contra divisa "B" tendríamos algo como A/B (cuantas divisas de "B" se necesitan para obtener una de "A").

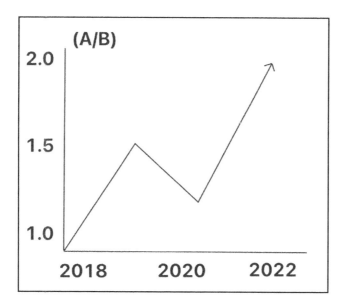

Figura D.6

En la imagen podemos ver que la divisa "A" se va apreciando respecto a la divisa "B", pero hay varios escenarios por los que se puede crear esta tendencia.

Puede que la divisa "A" no se esté apreciando en el mercado en general, sino que "B" se está devaluando, también es posible que "B" se encuentre estable en el mercado pero "A" tenga una fuerte apreciación en general, también es posible que "A" se esté apreciando en general por distintas variables y "B" se esté devaluando por otras variables y eso aceleraría aún más la tendencia. Por esta razón no podemos juzgar el desempeño de una divisa al observarla en un primer cruce con otra, sería como ir al mercado de valores y analizar un cruce

como APPLE/TWITTER.

Las fluctuaciones que observemos pueden ser por el desempeño de una o de la otra o por ambas, para entenderlo tendría que analizar ambas por separado. Ver cuál está en un nivel de oferta o demanda, saber cuáles son las variables que afectan una y las variables que afectan a otra.

Rendimiento de los índices de divisas

Te voy a compartir unas maneras básicas en la que puedes analizar la oferta y la demanda de las divisas como un activo individual antes de enfrentarlas entre sí. De hecho, este análisis es lo que te dirá cuál puede ser un buen cruce de divisas a operar y en cuáles puedes conseguir tendencias marcadas.

Los primero que puedes hacer es ver el rendimiento del índice de la divisa, así como el DXY que es el índice del dólar, también podrás consultar los índices de las demás divisas principales, como el CXY para el dólar canadiense, EXY para el euro, BYX para la libra británica, SXY para el franco suizo, JXY para el yen japonés, AXY para el dólar australiano y ZXY para el dólar neozelandés.

Cuando consultes el rendimiento de los índices verás una tabla distribuida de la siguiente manera:

Ticker	CBO %	1S CBO%	1M CBO%	Trimes-tral	Semes-tral	Año en curso	Anual
DXY	0.15%	-1.38%	-0.18%	7.20%	7.29%	7.69%	14,44%
EXY	1.12%	1.15%	2.17%	-6.23%	- 6.03%	- 7.12%	- 13.24%
BXY	0.03%	-1.11%	-1.72%	8.02%	7.23%	7.35%	11.34%
SXY	0.34%	2.02%	- 0.12%	- 5.96%	- 4.53%	- 6.83%	- 7.12%
JXY	-0.23%	3.97%	2.54%	- 10.12%	- 10.27%	-10.14%	- 14.50%
CXY	0.74%	1.18%	-0.34%	- 0.97%	- 0.12%	- 1.76%	- 6.82%
AXY	0.11%	2.54%	1.98%	- 1.45%	- 1.12%	- 3.54%	- 8.87%
ZXY	- 0.21%	1.31%	-0.23%	-4.29%	- 4.45%	6.23%	- 11.23%

Figura D.7

- CBO%: porcentaje de rendimiento del día.
- 1S CBO%: porcentaje de rendimiento de la semana.
- 1M CBO%: porcentaje de rendimiento del mes.
- A continuación, tenemos los porcentajes de rendimiento del último trimestre, y semestre del año en curso y finalmente del último año.

Ver los rendimientos de los índices de divisa da una idea muy clara de las tendencias en las distintas temporalidades, incluso antes de ver el gráfico.

Si evalúas los números en la figura D7. podemos conseguir dos ganadores en las tendencias a mediano y largo plazo, el DYX y el BYX, a diferencia de todos los demás son los que se destacan con rendimientos positivos en el último trimestre, semestre, años en curso y el último año. Por otra parte, los rendimientos de corto plazo (mensual, semanal o diario) se muestran negativos en ambos, esto puede significar una corrección en la tendencia. Eso me da a entender que, en los pares donde domine la libra esterlina o el dólar americano en las temporalidades *intraday*, sí se debe a una apreciación en general de estas divisas. El dólar canadiense estaría reflejando una variación mínima, sin síntomas de fortalecimiento, pero tampoco de debilitamiento, al hacer una lectura en GBP/CAD, probablemente pueda ver una tendencia alcista fuerte, lo que indica que cada vez debo pagar más dólares canadienses por cada libra esterlina, pero este movimiento se debería al alza del GBP y no al debilitamiento del CAD.

Si deseo encontrar una tendencia marcada en el gráfico solo basta enfrentar la divisa con mejor rendimiento contra la divisa que muestre peor rendimiento o viceversa, tomando como referencia la figura 1B. pudiera tomar el yen, ya que es la menos destacada, y enfrentarlo con la libra esterlina o el dólar americano (USD/JPY o GBP/JPY). Ahora, si deseas evitar pares que no lleven una tendencia clara y puedan mostrar consolidación, evita enfrentar los que muestren rendimientos similares como el dólar americano y la libra esterlina (GBP/USD) ya que ambos van en la misma dirección con rendimientos muy similares por lo que probablemente en ese par puedas ver solo consolidaciones. Similar a los que pudiera pasar en (EUR/JPY) donde ambas muestran fuertes rendimientos negativos, sin embargo, la tendencia pudiera estar al favor del euro al ver números más críticos en el yen.

Actividad 1: en el siguiente índice de rendimiento de divisa encuentra cuáles podrían ser dos pares de divisas (X/X), (X/X) en los que existan tendencias fuertes en temporalidades *intraday* (mediano plazo), enfócate en evaluar rendimientos trimestrales y semestrales.

También encuentra un par de divisas (X/X) que pueda mostrar una consolidación por rendimientos similares:

Ticker	CBO %	1S CBO%	1M CBO%	Trimes-tral	semes-tral	Año en curso	Anual
DXY	0.15%	-1.38%	-0.18%	- 3.20%	- 2.29%	- 2.69%	- 4,44%
EXY	- 0.12%	- 0.14%	-0.17%	- 3.23%	- 5.03%	- 7.12%	- 8.24%
BXY	0.03%	-1.11%	-1.72%	- 4.02%	- 3.23%	- 2.35%	- 7.34%
SXY	0.34%	2.02%	- 0.12%	- 5.96%	- 4.53%	- 6.83%	- 7.12%
JXY	-0.23%	3.97%	2.54%	9.12%	8.27%	10.54%	11.50%
CXY	0.74%	1.18%	-0.34%	8.97%	8.12%	9.76%	10.82%
AXY	0.11%	- 2.54%	- 1.98%	- 10.45%	- 8.12%	- 8.54%	- 14.87%
ZXY	- 0.21%	1.31%	-0.23%	-4.29%	- 4.45%	- 3.23%	- 8.23%

Figura D.8

Respuesta en la página de soluciones al final del libro.

Sería ideal que hagas una primera práctica en tiempo real. Si no has evaluado antes un índice de rendimientos, te compartiré un QR donde puedes evaluar los índices en el momento actual. Revísalos e intenta conseguir uno que marque fuertes rendimientos positivos y otro que marque fuertes rendimientos negativos, enfócate en principio en comparar rendimientos trimestrales y semestrales. Atención, no siempre existirán rendimientos fuertes, todo depende del momento del mercado. En caso de encontrarlos, enfrenta las respectivas divisas y revisa temporalidades donde puedas verificar los rendimientos vistos, como diarios o semanales si te cuesta verlos.

Figura D.9
Rendimiento de índice de divisas
Fuente: Tradingview

Recuerda buscar la pestaña que indique rendimientos para que así lo puedas evaluar en términos porcentuales.

La segunda técnica que aplico puede ser un poco rudimentaria, pero entra más en contacto con el gráfico, por lo que no serán solo números que me evalúan los rendimientos de una manera porcentual, sino que ahora puedo ver de manera gráfica el desempeño de la divisa. La técnica consiste en que, una vez ubicados en cualquier par, como por ejemplo USD/JPY, se hace un recorrido rutinario de temporalidades, se define la tendencia en el *timeframe* principal, como un diario o H4. Supongamos que vimos una tendencia alcista, una vez definida, solo queda evaluar la tendencia de ambas divisas frente a otros pares. Te dejaré un ejemplo de una foto que le he hecho a mi diario de trading donde recientemente hice una evaluación al yen.

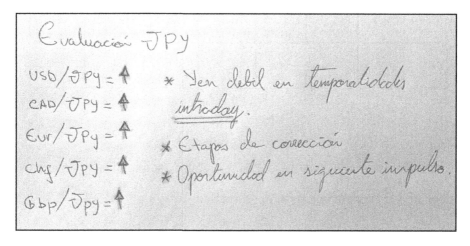

Figura E.1

Esta evaluación la hice en abril de 2022, para esas fechas estaba de viaje en Santiago, Chile, haciendo un curso presencial para algunos de mis estudiantes. Escogí el yen para esos días, ya que se me adaptaba bien el horario para evaluarlo a la hora del curso porque coincidía con la sesión de Asia. Mi par objetivo a *tradear* era USD/JPY, sin embargo, hago la evaluación frente a las demás divisas para entender el desempeño del JPY como activo y no directamente como un conjunto (USD/JPY). Lo que descubrí fue una fuerte tendencia bajista para el yen japonés, mostrando devaluación frente a todas las divisas principales. Una de las claves siempre va a ser la evaluación frente al franco suizo, la razón es que es una divisa estable, por lo que el par contra el que lo enfrentes es el que va a tener el dominio de la tendencia. También pude reconocer que estaba haciendo algún tipo de corrección en general, pero la tendencia en temporalidades mayores era fuerte, por lo que la clave era buscar el siguiente impulso en el que se continuara devaluando.

Al verlo en el índice de rendimiento se vería más o menos de esta manera:

Ticker	CBO %	1S CBO%	1M CBO%	Trimes-tral	semes-tral	Año en curso	Anual
JXY	-0.23%	3.97%	2.54%	- 10.12%	- 10.27%	- 10.14%	- 14.50%

Figura E.2

Mostrando números positivos en el cambio semanal y mensual, pero evidenciando la tendencia mayor en el mediano largo plazo.

"Si se pudiera comprar conocimiento pediría prestado al 100% de interés, definitivamente el activo más valioso."

A.M.

Variables del mercado FOREX

Cuando se trata de variables en el mercado FOREX, los motivos sociales, políticos o económicos crearán oferta y demanda en el mercado. Basta con abrir una red social como Twitter o seguir un canal de noticias para ver la cantidad de sucesos y noticias que se emiten minuto a minuto. Intentar pronosticar tendencias fundamentadas en todos estos hechos sería agotador e innecesario. Cuando hablamos de divisas todas las variables cuentan, pero con seguir y entender las principales será suficiente.

En el análisis técnico hacemos proyecciones a corto, mediano o largo plazo según la temporalidad donde estemos analizando, lo mismo sucede con las variables. Seguir una cantidad de noticias irrelevantes al día puede ser como estar en una temporalidad de un minuto, solo será ruido y las tendencias cambian cada cinco minutos porque no son fuertes, mientras que seguir las variables fuertes es como tener la dirección clara en el *timeframe* principal, donde la tendencia es fuerte y puede mantenerse durante varias semanas. En estas son las que nos vamos a enfocar, variables que puedan crear oferta o demanda durante un tiempo considerable o incluso puedan cambiar la dirección de mercado.

En un capítulo anterior señalé las variables de distintos mercados, y evidencié que todos están correlacionados, lo que afecta a uno puede terminar afectando a otro, directa o indirectamente. Como el ejemplo que vimos desde la variable cuarentena hasta la devaluación del dólar canadiense, pero en cuanto a las divisas destaqué las siguientes:

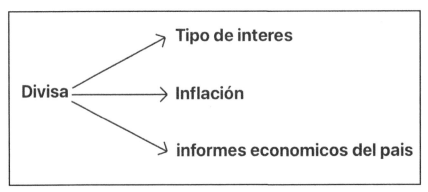

Figura E.3

El tipo de interés

El tipo de interés es el precio del dinero. Es un valor porcentual que mide el interés a pagar por una cantidad de dinero durante un tiempo determinado, este porcentaje es establecido por los bancos centrales y lo determinan precisamente según la oferta y demanda de la divisa, por lo que al alterarlo buscan precisamente despertar algún interés particular en los ofertantes o demandantes. Seguir esta variable y los cambios en su valor puede ser tu brújula para entender la oferta y demanda de la divisa.

Ahora déjame explicarte cómo y por qué el tipo de interés afecta la oferta y la demanda de la divisa para que, en la próxima alteración de esta, puedas aprovechar los movimientos. Al igual que el mercado, el tipo de interés solo puede hacer dos cosas: subir o bajar. Cuando sube hace que el dinero sea más caro, por lo tanto, beneficia a los ahorradores y prestamistas, recuerda que los prestamistas por excelencia son los bancos, y ya sabemos que estas instituciones son parte de las ballenas. Prestar dinero, comprar bonos gubernamentales, adquirir cualquier producto de ahorro o inversión que ofrezca remuneración vinculada al tipo de interés será mucho más interesante con esta subida. Por el contrario, perjudica a los que necesitan financiación o pagan hipotecas a tipos variables. Si yo soy un emprendedor que necesita un préstamo del banco para iniciar un negocio, y hay altas tasas de interés, tendré que pagar más por el dinero que obtuve en calidad de préstamo.

Por esta razón el tipo de interés hace un efecto inmediato en el mercado de divisas y lo mantiene a mediano o largo plazo hasta futuras variaciones. Una divisa con tipo de interés alto será siempre más atractiva para los inversores (demanda) esto traerá muchas entradas de flujo de capital. Mientras que una divisa que comience a bajar su tipo de interés provocará que los inversores salgan en masa (oferta). Al momento de confirmarse un movimiento en el tipo de interés de una divisa las instituciones comienzan a actuar bajo un fenómeno llamado "carry trade", se trata de un movimiento en masa en el que fluye capital internacional a las economías en las que la divisa ofrezca mayores tasas de tipo de interés.

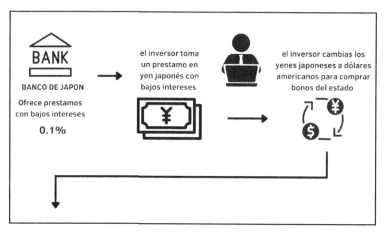

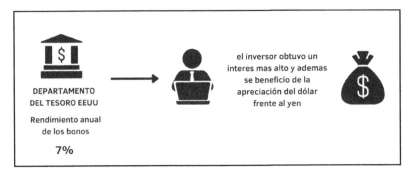

Figura E.4

Esta es una práctica muy común en todas las instituciones que operan con divisas, como bancos, fondos de inversión, corporaciones o inversores independientes. Nunca tendrás acceso al nivel de información que puede tener una institución, pero sí sabes cómo responden a este tipo de variables, y así podrás tomar provecho de las nuevas tendencias.

El tipo de interés también te dará señales de la entrada o salida de las etapas en el ciclo económico. Si eres un operador de Forex, es muy importante entender este ciclo y en qué tapa se encuentra la economía de la divisa a operar, esto puede ayudarte a predecir el siguiente movimiento en el tipo de interés, si será al alza o a la baja.

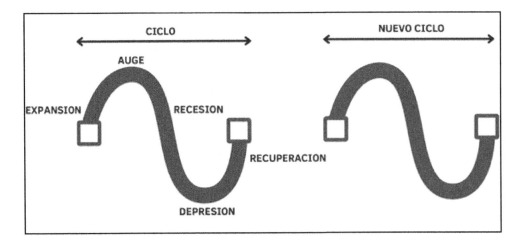

Figura E.5

Según la etapa en la que se encuentre la economía, los bancos centrales aplican distintas medidas para buscar un objetivo, una de las medidas más importantes es mover el tipo de interés. Cuando la economía está en auge suben los tipos de interés para enfriar la economía y evitar la aparición de burbujas; mientras que, en las etapas de recesión o depresión, bajarán los tipos para reactivar la economía, las personas se ven más motivadas a endeudarse porque pagarán menos intereses.

Un tipo de interés demasiado alto, que pudiera considerarse al pasar un 5%, no estaría mostrando un auge en la economía sino un escenario de devaluación en la divisa. Países como Venezuela y Argentina durante 2020 marcaban un tipo de interés sobre 50%, esto se debe a que el bolívar y el peso argentino estaban sufriendo una fuerte devaluación, por lo que un prestamista tiene que colocar un interés demasiado alto para que la devaluación no se termine comiendo los intereses.

Uno de los aspectos importantes del *"carry trade"* es que el inversor debe seleccionar activos que le ofrezcan un buen interés pero que no sufran devaluaciones, porque si eso ocurre quedaría al descubierto con el préstamo tomado.

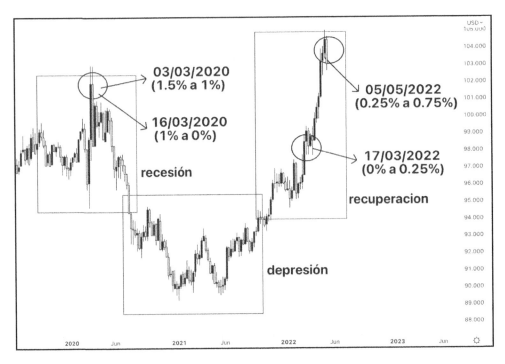

Figura E.6

Fuente: www.Tradingview.com - DXY
Temporalidad: Semanal

Las etapas de los ciclos económicos siempre serán un tema de debate entre los economistas ya que muchas veces es difícil indicar el momento exacto que se pasa de una etapa a otra. En la figura E.6 tenemos el gráfico del DXY señalando los últimos movimientos del tipo de interés de dólar americano y aproximadamente las últimas etapas por las que ha pasado la economía de los Estados Unidos.

En marzo de 2020 se confirmaba una etapa de recesión, ya semanas atrás muchos economistas advertían de esta etapa, pero con la llegada del Covid-19 se confirma de inmediato. La FED (*Federal Reserve System*) o la reserva federal de Estados Unidos anunció el día 3/03/2020 una bajada de sus tipos de interés de 1.5% a 1%, y solo un par de semanas después anunciaron otro movimiento de 1% a 0%, que representa un movimiento agresivo y además en un lapso muy corto. Esto no es nada atractivo para los inversionistas en dólares americanos, por lo que la divisa comienza a perder terreno rápidamente durante toda esta etapa de recesión y depresión. Algo que caracteriza estas etapas de crisis son una caída en el PIB y altas cifras de desempleo, por lo que aumentan en masa las peticiones por desempleo, algo que se vuelve muy dañino para la economía. A finales de 2021 ya el PIB estadounidense estaba superando los niveles registrados antes de la pandemia, disminuyeron las peticiones por desempleo, aumentó la demanda interna y el nivel de ahorro. Para esas fechas ya podíamos hablar de una etapa de recuperación en la economía, además la FED hizo su primer aumento del tipo de interés el día 17/03/2022 llevándolo de 0% a 0.25%, y recientemente han hecho un último movimiento en un nivel clave del DXY (103) nivel que mostraba dominio de vendedores pero que ahora puede haber un juego de intereses con el aumento del tipo de 0.25% a 0.75% el día cinco de mayo de 2022. Este es otro ejemplo de la importancia entre los dos factores (técnico y fundamental) uno estaría indicando venta y otra compra con una variable que arroja demanda.

El tipo de interés no tiene fechas establecidas para un cambio, todo dependerá de la situación económica, durante la recesión de 2008 Estados Unidos llevó su tipo a 0% y no lo movió hasta el año 2015, mientras que otros años tienden a tener múltiples variaciones.

Se dice que la economía norteamericana ha pasado por 11 fases de recesión y 11 fases de expansión desde 1949, así que hay bastantes comportamientos repetitivos para analizar y conseguir patrones similares. Los tipos de interés suelen ser anunciado por el presidente del banco central, toma la tarea de investigar quién es este personaje en la divisa que estés operando. Si es el dólar debes saber quién es el presidente de la FED, si es el Euro, el presidente del Banco Central Europeo.

Puedes consultar los tipos de interés de los bancos centrales en distintas plataformas, te compartiré un enlace en el que puedes hacerlo de manera gratuita y de todos los países:

Figura E.7

Tipos de interés de los bancos centrales
Fuente: Datosmacro.expansion

Inflación

La inflación es el aumento generalizado de los precios, bienes o servicios de un mercado dentro de un tiempo determinado, lo curioso es que una divisa se puede estar apreciando frente a otras, pero a la vez estar dentro de una economía inflacionaria por lo que sus poseedores tienen menos poder adquisitivo.

Figura E.8

Fuente: www.Tradingview.com - DXY
Temporalidad: Semanal

En la figura E.8 el DXY muestra una apreciación del dólar respecto a las demás divisas, pero si revisamos los últimos informes de inflación, como el del

12 de marzo del año 2022, emitido por la oficina de estadísticas laborales, para la fecha se alcanzó un 8.7% de inflación interanual y desde hace más de dos años la tasa de inflación anual supera el 2% establecido como meta por la FED.

Este escenario es muy poco atractivo para los inversionistas extranjeros, ya que no solo se obtiene un dólar más costoso, sino que voy a tener menos poder adquisitivo dentro de esa economía, lo que afecta principalmente la balanza comercial.

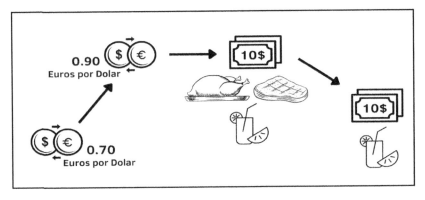

Figura E.9

La figura E.4 es un ejemplo claro del fenómeno que muestra la economía estadounidense este último semestre, un escenario muy desfavorable para los compradores extranjeros o los turistas, con un aumento en el valor del dólar respecto a su divisa y luego un menor poder adquisitivo dentro de la economía americana.

Informes económicos

Todas las semanas se publican una gran cantidad informes económicos de distintos sectores: agrícola, constructor, banca entre otros. También se llevan a cabo múltiples anuncios, discursos, o encuentros por funcionarios o líderes de cada uno de los sectores. De cada uno de estos informes surgen las variables que se interpretarán por los participantes del mercado y que, dependiendo de su resultado, motivarán la oferta o la demanda.

Tipo de interés y datos de inflación son solo dos de las variables, para mí el génesis, y por eso hago un apartado especial, pero hay una suma importante de informes económicos que también están en el radar de las instituciones. Podría nombrar muchos y, según el nivel de conocimiento que tengas en economía, sería menos o más fácil entenderlos, pero como este no es un libro enfocado a la comprensión de los distintos informes económicos sino a la comprensión de un mercado en general (Forex), bastará con compartirte una manera en la que puedes cuidarte de la volatilidad generada por estos informes o discursos importantes. Ya quedará de tarea prepararte en materia de economía cada vez más para que puedas tener una mayor visión periférica del mercado. Si ya tienes un buen conocimiento, felicitaciones; y si deseas educarte en las ciencias económicas a un nivel universitario, puedes ser parte de mi programa *Siempreprofit-Tradingfloor*, programa de un año donde te preparan profesores de reconocidas universidades del mundo en economía y finanza de manera online, además de optar por un fondeo para tu cuenta de trading y tener acceso a mis *tradingfloor* en los distintos países donde esté establecido.

Para estar atento a los próximos informes basta con seguir un calendario económico. Allí podré filtrar los informes de las divisas de mi interés, filtrar los de mediano y alto impacto, saber el momento exacto en que serán emitidos y ver los resultados para saber si fueron positivos o negativos.

Un calendario económico se verá de la siguiente manera:

Fecha	Evento	Impacto	Precedente	Consenso	Actual
Jun 22, 09:00	(JPY) peticiones por desempleo.	Medio	1.5M	1.6M	1.4M
Jun 22, 13:00	(USD) Discurso Jerome Powell.	Alto	----------	----------	----------
Jun 22, 20:00	(USD) NFP, informe	alto	428K	428K	¿?

Figura F.1

Hay un dicho que dice "guerra avisada no mata soldado", se puede aplicar perfectamente a esta herramienta, no necesitas tener un conocimiento en economía, ni de lo más básico si no quieres, puede que prefieras hacer solo una lectura del gráfico y entender la oferta y demanda reflejada en el mismo, pero seguir el calendario económico hará que no te tome por sorpresa un momento de extrema volatilidad.

En la figura E.5 tenemos la guerra avisada, supongamos que son las 08:00 de ese 22 de junio y acabo de posicionarme en corto en USD/JPY, no estoy al día con lo que está sucediendo en la economía, pero como sé que hay eventos económicos que generan volatilidad puedo estar atento para cuidarme. El calendario señala un informe de mediano impacto para el yen japones a las 9:00 horas, por lo que una vez que conseguí cierto recorrido a mi favor decido colocarme en *Break Even*, moviendo mi *Stop Loss* al precio de entrada para asegurar mi posición. El informe precedente arrojó 1.5 millones en peticiones por desempleo, el consenso espera que la cifra aumente a 1.6 millones, pero al ser revelado el informe de las 9:00 horas arroja 1.4 millones (mejor de lo esperado), esto afectaría positivamente a la divisa ya que el resultado fue beneficioso para la economía japonesa. Esto además estaría a favor de la posición en corto tomada en el USD/JPY. Pero resulta que aún quedan dos informes durante el resto del día que pueden afectar el recorrido de mi *trade*, ya que son respecto al USD.

En este punto quiero hacer notar la diferencia entre un evento económico que se puede cuantificar y uno que no, el segundo evento económico que muestra la figura F.1 es un discurso por lo que no tiene cifras precedentes o alguna que espere consenso, simplemente es de alto impacto porque el orador será Jerome Powell (actual presidente de la FED). En cuanto a los discursos o encuentros de líderes, podemos seguir la transmisión en vivo cuando es pública o ir a los motores de búsqueda una vez haya concluido y ponernos al día con lo que se haya dicho.

Continuando con el manejo de la posición en USD/JPY, una opción válida sería tomar la ganancia con el recorrido que logré conseguir hasta unos minutos previos al discurso que afectara al USD, o por lo menos tomar un buen porcentaje de ganancia y dejar el resto corriendo en BE. De esta manera si la segunda y tercera fundamental también se dan a favor podría obtener un recorrido mucho más largo, y en caso de que no, ya tendría una ganancia y la posición asegurada.

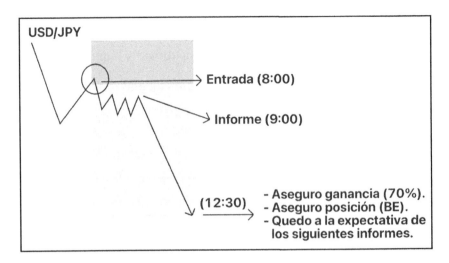

Figura F.2

El trading es como el ajedrez, este sería solo un ejemplo de muchos posibles movimientos que puedes hacer frente a las distintas variables técnicas y fundamentales, siempre digo que cada vela y cada fundamental son un movimiento sobre el tablero.

Seguir un calendario económico es gratuito, hay muchas plataformas que te permiten personalizarlo, esto es ideal ya que filtras solo las divisas de tu interés, y los eventos que puedan tener un impacto medio o alto, que son los que realmente nos pueden interesar. Te compartiré una web donde puedes tener uno con estas características, puedes registrarte de manera gratuita y personalizarlo.

Figura F.3
Calendario económico. Fuente: *myfxbook*

Precio como producto

Ya está claro que un par de Forex está compuesto por una divisa (A) y una divisa (B), cada una de estas tendrá una oferta y demanda independiente determinada por las distintas variables. Al enfrentarlas conseguimos lo que conocemos como un par (A/B), lo que nos permite, ahora sí, entrar en la siguiente fase de la oferta y la demanda, porque nace el factor **precio**. Esa cotización que dice cuántas divisas de (A) necesito para comprar (B) o viceversa. Por lo que ahora tengo un activo en conjunto (A/B) en el que siguen influyendo las variables independientes de (A) y de (B) que determinan el factor precio, el cual solo existe cuando las enfrento.

Lo que hace que sea más determinante en la ley de oferta y demanda para fijar el precio de (A/B) es precisamente que haya una buena cantidad de demandantes y ofertantes (liquidez) entre (A) y (B). Para entenderlo mejor podemos trasladarnos a la era del truque, donde se intercambiaban bienes materiales.

Soros, que es cazador, posee carne en sus almacenes; Warren, que es granjero, almacenó muchos pollos en su granero y Gates, que es agricultor, solo pudo almacenar menta esta temporada. Muy probablemente basado en las necesidades humanas la demanda de estos productos sería de la siguiente manera:

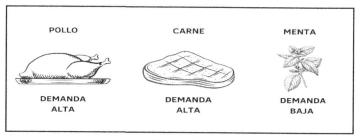

Figura F.4

Sin alterar otros factores, la demanda de pollo y carne va a ser más alta, por lo que va a tener mayor liquidez, si aparece un segundo agricultor con papas en sus almacenes estará interesado en hacer un truque por carne o pollo antes que por menta. Cuando digo sin alterar otros factores me refiero a lo normal de un mercado sin variables que puedan alterar fuertemente la oferta o la demanda. Si hay un brote epidémico en la aldea y se descubre que lo único que lo puede curar es la menta, Warren y Soros estarían dispuestos a entregar toda su mercancía por un poco de menta, de resto, en condiciones normales lo único que salvaría al pobre Gates es que en la aldea aparezcan muchos más ofertantes de carne y pollo, y que él sea el único con menta para ofrecer.

De igual manera al ser más demandada la carne y el pollo este sería el volumen de intercambio:

Figura F.5

Lo que convierte a Soros y Warren en principales socios comerciales y Gates en un socio comercial secundario.

Esto es a lo que me refiero cuando hablo de la importancia de la liquidez de las divisas para formar un par, las negociaciones en el factor *precio* serán más relevantes. Por esta razón me gusta operar pares de divisas en las que enfrente a socios comerciales importantes como USD/CAD, EUR/USD y USD/JPY, además en estos pares encuentras mejores spread y swap ya que el bróker posee más liquidez que sus proveedores para estas divisas. Ahora podemos traducir el ejemplo Forex, teniendo como producto las divisas:

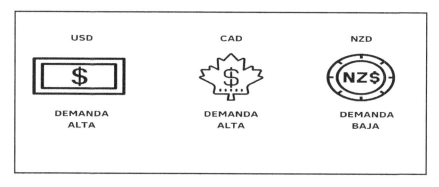

Figura F.6

El dólar es la moneda más líquida del mundo, y es una divisa de referencia mundial para mercados tan importantes como el oro o el petróleo. El dólar canadiense está muy lejos del nivel de liquidez que tiene su vecino, el dólar americano, pero Canadá y Estados Unidos son socios comerciales grandes por lo que las transacciones entre estas dos divisas son constantes y con buen volumen, por último, el dólar neozelandés tendría mucha menos liquidez. Si viajas con dinero de Nueva Zelanda a otro país e intentas pagar en cualquier establecimiento muy probablemente no te lo acepten y te manden a una casa de cambio, y en la casa de cambio la cotización que recibirás por tus dólares neozelandeses quizá no será la más justa.

Figura F.7

Un mayor volumen de intercambio, desde mi punto de vista, hace más entretenido y activo el mercado para participantes, analistas, variables y oportunidades, especialmente cuando tienes la oportunidad de *tradear* en el rango de horario donde están en apertura los mercados más importantes para la divisa, daré ejemplos detallados de esto en otro capítulo.

Definamos ahora el dónde (la zona), tomando como referencia la oferta y demanda en el precio del par EUR/USD, este siempre va a dejar su huella. En las temporalidades mayores poder ver esos puntos de inflexión de la tendencia que no hacen otra cosa que mostrarme dónde están actuando las instituciones, conocer la historia de los hechos o las condiciones económicas correlacionadas a estas divisas me ayudará a entender si las instituciones actuaron allí en condiciones económicas similares a las que existen en el presente, veamos un ejemplo:

Figura F.8

Fuente: www.Tradingview.com - EUR/USD
Temporalidad: Mensual

En la figura F.8 podemos apreciar dos niveles claves en el EUR/USD, niveles en los que actúan las instituciones, ya que son capaces de hacer ese desequilibrio entre la oferta y la demanda para crear nuevas tendencias prolongadas. Por eso se dice que el mercado siempre deja su huella, tenemos un nivel de oferta alrededor de 1.23 dólares por euro, y un nivel de demanda en 1.04. Este ha mostrado un interés de compradores institucionales en los años 2015, 2017, pero en el año 2020 después de haber definido un nivel de oferta en 1.23, vemos como el movimiento bajista se detiene es 1.08 (superior al nivel de demanda fuerte ya definido por el mercado), y en ese punto podemos reconocer nuevas compras institucionales.

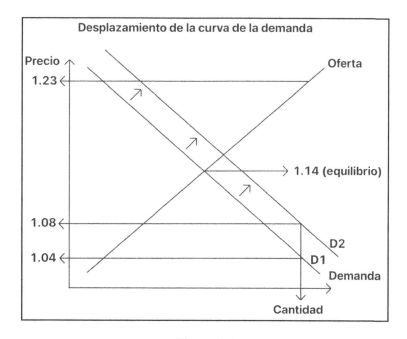

Figura F.9

¿Qué hizo posible este desplazamiento en la curva de la demanda similar a la que vemos en la figura F.9?, La respuesta es el factor pandemia, recuerda que alrededor de esa fecha (marzo 2020) la FED bajó los tipos de interés y se confirmó esa recesión en la economía. Sumando otro factor de incertidumbre para la economía norteamericana: se acercaba la fecha de las elecciones presidenciales.

Algo importante ocurre ahora en el último movimiento bajista de marzo 2022 cuando el precio desciende nuevamente a 1.08, ya que no está el factor pandemia sobre la mesa y además hay una subida en el tipo de interés para el dólar anunciado por la FED que podemos apreciar en la figura E.6, es decir ocurren los dos factores contrarios a los del año 2020. Esta oportunidad es favorable para el dólar por lo que ya 1.08 no es un nivel atractivo para las instituciones (solo fue un movimiento temporal de la curva de la demanda respondiendo a las variables del marzo 2020) ahora solo queda ver la acción del precio en el nivel 1.04 para que nos indique los movimientos de las instituciones alrededor de esta área que puede definir una próxima tendencia primaria (más de 6 meses) en una dirección.

Recientemente en abril de 2022 la variable pandemia ya no está sobre la mesa y vemos que el nivel de 1.08 solo fue un desplazamiento en la curva de la demanda respondiendo a factores fundamentales, aunado a esto, tenemos una subida del tipo de interés que podemos apreciar en la figura E.2

Veamos ahora los niveles de oferta y demanda institucional en el USD/JPY tomando en cuenta esos niveles donde cambian de dirección las tendencias primarias (esas que nos dan proyecciones de más de 6 meses):

Figura G.1

Fuente: www.Tradingview.com - USD/JPY
Temporalidad: Mensual

El gráfico de USD/JPY en la figura G.1 nos permite hacer un buen contraste con el análisis anterior, este par muestra unos niveles muy claros de oferta y demanda institucional en los que se aprecian reacciones claras durante los últimos 20 años, exceptuando el año 2008 donde, a pesar de estar alrededor del nivel de demanda en 103.000, no existían las mejores condiciones para el dólar americano, una burbuja inmobiliaria acababa de explotar en Estados unidos y la FED llevaba el tipo de interés a 0%.

Otro detalle clave que me gustaría destacar es la pequeña devaluación que sufrió el dólar americano frente al yen posterior a marzo de 2020, donde la FED llevaba su tipo de interés nuevamente a 0% pero en este caso el USD solo mostró un movimiento bajista del precio 108.000 hasta el precio clave

103.000, lo que representa solo un 5%, mientras que frente al euro registró una devaluación del 14% a partir de la misma fecha como podemos apreciar en la figura F.2 cuando entra la variable pandemia.

A partir de enero de 2021 el dólar no ha hecho otra cosa que tomar terreno frente al yen, llegando rápidamente al nivel de oferta en 124.000. En primera instancia no mostró resistencia a dicho nivel, esto se debe a la política de expansión del banco central de Japón, que ha decidido mantener un tipo de interés en – 0.1% desde el año 2016 hasta la fecha actual 2022 (puedes consultar el actual escaneando la figura E.7) esto significa un tipo de interés negativo, lo que quiere decir que a los prestatarios se le acreditan intereses en lugar que pagar intereses a los prestamistas, esta política expansiva de Japón ha logrado que el dólar llegue a su punto más caro frente al yen desde el año 2022:

Figura G.2

Fuente: www.Tradingview.com - USD/JPY
Temporalidad: Mensual

Este es un escenario ideal para la práctica del *carry trade* (como el expuesto en la figura E.4), ya que se puede acceder a un préstamo en yen sin intereses o con una tasa muy baja y al cambiarlos a dólares invertir en algún activo que pueda ofrecer un rendimiento fijo y además beneficiarse de la apreciación del dólar frente al yen, que de haber hecho el cambio en nivel clave de 103.000, ya estaría mostrando un 25% de rendimiento.

Esta es una de las prácticas más comunes para las instituciones, en este caso no se están posicionando, sino que realmente están haciendo un movimiento de dinero para obtener un beneficio. Es importante que lo entiendas porque esto es lo que crea estos famosos niveles institucionales, que son estas zonas de oferta y demanda más fuertes.

Calcularé el rendimiento que puede obtener una institución con un préstamo de 50 millones de dólares en el siguiente ejemplo, asumiendo que FED fija un tipo de interés en 0.25% y las autoridades de esta institución se muestran firmes ante mantener las políticas de expansión de la economía por lo que no piensan alterar el tipo de interés en el próximo año, y por otro lado el banco central europeo aumenta su tipo de interés a 4%, esto representa una expectativa de ganancia de 3.75% para el fondo, lo cual es la diferencia entre los porcentajes. El primer paso es convertir los dólares a euros y el segundo paso invertir los euros en un bono del estado con un rendimiento fijo al tipo de interés (podría invertirse en cualquier otro activo, pero este sería uno muy seguro).

Lo primero que haría un experto es estudiar el precio del par EUR/USD, porque si no está en un buen punto para el euro de nada servirá transformar dinero del fondo a esta divisa y obtener un 3.75% de rendimiento ya que si el euro se devalúa más de ese porcentaje frente al dólar (3.75%) se estaría comiendo el rendimiento y las cosas podrían comenzar a complicarse.

Asumiendo la cotización actual de 1.05 dólares por euro tendríamos la siguiente cifra:

$ 50.000.000 ÷ 1.05 = € 47.619.047

Después de un año invertido en los bonos al 4% tendríamos la cifra:

€ 47.619.047 X 1.04 = € 49.523.809

El fondo tendría la deuda de los $ 50.000.000 más el interés (0.25%), lo cual suma:

Total de $ 50.000.000 X 1.0025 = $ 50.125.000

Ahora supongamos que durante ese año el EUR/USD reaccionó al nivel clave de 1.04 que podemos apreciar en la figura F.8 y a partir de allí registro un recorrido hasta su punto de equilibrio en 1.14.

Deuda de $ 50.125.000 ÷ 1.14 (nuevo precio) = € 43.969.298 El *profit* será el final del balance en euros:

€ 49.523.809 - € 43.969.298 = € 5.554.511 (ganancia)

Con el margen porcentual de 3.75% más la apreciación del euro conseguirían un rendimiento total de:

€ 5.554.511 ÷ € 47.619.047 = 0,116 x 100 = **11.6%**

Creo que ya puedes tener una visión más clara de lo importante que son estas zonas de oferta y demanda que podemos reconocer en las temporalidades más altas, de hecho, por eso se les conoce como zonas institucionales, ya que son en esos niveles donde toman acción estas grandes negociaciones, siempre irán correlacionadas al tipo de interés como uno de los factores más importantes a tomar en cuenta. Podemos detectar la participación de las instituciones a través del análisis técnico, recuerda que estos grandes movimientos siempre dejarán su huella en el gráfico, esas son las señales que debemos esperar para montarnos en las nuevas tendencias, a no ser que tengas un acceso privilegiado a la información y puedas estar al tanto de movimientos en masa en la banca o grandes instituciones.

Actividad 2: Toma un bolígrafo y, con la ayuda de una regla, identifica las zonas de oferta y demanda institucionales en el siguiente gráfico.

Figura G.3

Fuente: Tradingview - GBP/USD
Temporalidad: Mensual

Respuestas en la página de soluciones al final del libro.

Transición a zonas de oferta y demanda en temporalidades menores

Cuando ya tienes la capacidad de entender la dirección del precio a mediano y largo plazo a través de todos estos principios planteados en los temas anteriores, ya tienes una brújula que apunta en una dirección. Más adelante desarrollaré el tema de correlación, por ahora es momento de seguir identificando zonas de oferta y demanda en el *precio*, pero esta vez en temporalidades más pequeñas, a partir de este punto ya no haré tanto énfasis en el tema de las instituciones. Ya quedó explícito cómo reconocer los niveles de mayor relevancia donde estos puedan dar un giro al mercado (zonas institucionales) evidentemente seguirán participando diariamente en el mercado, las negociaciones nunca paran, ni tampoco el intercambio comercial. Esto quiere decir que el trabajo ahora será continuar descubriendo cuáles son los *precios* más interesantes dentro de todo ese gran rango que he conseguido en la temporalidad mensual, definido por esos niveles institucionales, a todo ese espacio se le conoce como área fundamental.

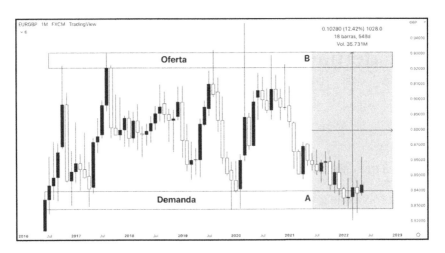

Figura G.4

Fuente: Tradingview – EUR/GBP
Temporalidad: Mensual

Todo el espacio comprendido que podemos ver desde el punto A al punto B será nuestra zona fundamental (figura G.4), es el espacio donde nos mantendremos analizando y buscando nuevas oportunidades en temporalidades menores. De esta manera ya encierro el precio en dos niveles institucionales y no necesito ver nada más afuera de este rango hasta que el precio decida salir. Como hemos visto ya en varios ejemplos, el precio puede fluctuar durante años en un rango, por lo que estableciendo mi área fundamental ya tengo un campo de trabajo lo suficientemente grande y no necesito salir de él cuando baje las temporalidades, al contrario, necesito ir encerrando cada vez más el precio entre zonas de oferta y demanda.

El mercado tiene formaciones muy geométricas, te sorprenderá una vez desarrolles la habilidad visual de poder reconocerlo con facilidad, es como una especie de rango que acumula rangos una y otra vez, lo notarás cuando comiences a marcar las zonas cada vez que vayas bajando las temporalidades, esto es comportamiento que responde simplemente a la ley de la oferta y demanda, pero en distintos horizontes temporales.

Figura G.5

Una manera de explicarlo puede ser con el ejemplo gráfico de las casas en la figura G.5, donde la zona de demanda institucional representa el piso de la casa más grande, y la zona de oferta institucional el punto más alto en el techo de la casa más grande, el punto de equilibrio que estará alrededor de la mitad entre esas son zonas creando esa división que me muestra en una temporalidad más baja, dos nuevos rangos con sus respectivas zonas de oferta y demanda y un nuevo punto de equilibrio. Es un comportamiento muy geométrico que iremos perfeccionando con múltiples ejemplos.

USD/CAD es uno de los pares en los que se puede apreciar una gran cantidad de rangos, es su patrón por excelencia, por lo que el patrón geométrico representado en la figura G.5 es muy claro cuando tenemos un buen rango.

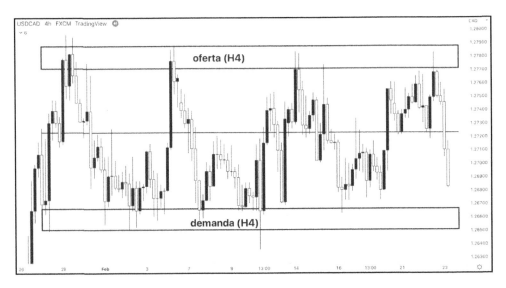

Figura G.6

Fuente: Tradingview – USD/CAD
Temporalidad: H4

En la figura G.6 el USD/CAD se muestra un rango donde podemos definir zonas de oferta y demanda claras, fíjate que es muy similar a los mismos rangos que estuvimos viendo en la temporalidad mensual, de hecho, forma también un punto de equilibrio. Es exactamente el mismo principio de oferta y demanda, la única diferencia es que estas no son zonas institucionales (evidentemente las instituciones siguen participando en el mercado), pero vamos a definir como zonas institucionales esas en las que el precio ya me haya mostrado las creaciones de tendencias primarias (prolongadas) a partir de esos puntos de inflexión en la tendencia.

Pero estas zonas de oferta y demanda en H4 están siendo creadas por grandes grupos de órdenes también, por lo que aplico el mismo principio de comprar en demanda y vender en oferta, pero con proyecciones en un horizonte temporal más corto (H4). Al plantear la correlación comprenderás cuál será la zona más propensa a quebrar en base de un análisis técnico.

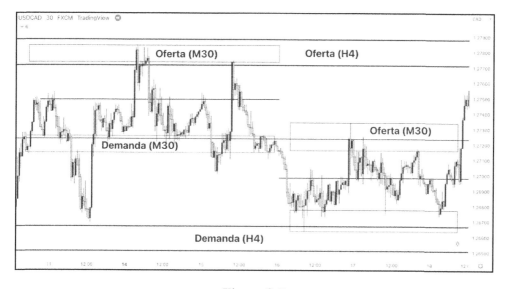

Figura G.7

Fuente: Tradingview – USD/CAD
Temporalidad: M30

En la figura G.7 he bajado a la temporalidad de M30 para identificar los patrones geométricos a los que hacía referencia en la figura G.5, fíjate cómo el punto de equilibrio divide en dos rangos una temporalidad más pequeña formando zonas de oferta y demanda y sus respectivos puntos de equilibrio, si bajo a la temporalidad de 5 minutos verías ahora el mismo patrón a raíz del rango de M30.

Figura G.8

Este patrón geométrico de oferta y demanda puedes verlo desde las temporalidades más altas a las más bajas, en la figura G.8 hago una referencia gráfica de lo que acabamos de ver, para que puedas asimilarlo de una manera más simple y sin tanto ruido. Este fenómeno ocurre sobre todo cuando el mercado se encuentra en condiciones normales durante un buen periodo moviéndose prácticamente por la pura ley de la oferta y demanda *(ceteris paribus),* evidentemente esto nunca sucede, siempre hay variables en una economía tan amplia como la de una divisa, pero hay períodos en los que no hay unicornios, por decirlo de una manera.

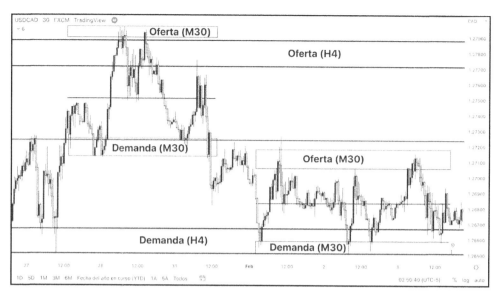

Figura G.9

Fuente: Tradingview – USD/CAD
Temporalidad: M30

Otro tramo dentro del rango de la figura G.6 sería este; señalo de nuevo las zonas de oferta y demanda en M30 y sus respectivos puntos de equilibrio, intenta hacer un análisis visual y si tienes experiencia en los gráficos reconocerás que al bajar a 5 minutos conseguiríamos el mismo fenómeno, pero en este caso dentro del rango de M30.

Zonas de continuación

Las zonas de oferta y demanda no siempre se mostrarán en formas de rango, hay momentos donde el precio lleva una tendencia en dirección a un nivel X y podemos de igual manera detectar un área a favor del movimiento donde el mercado deje su huella mostrando una nueva entrada de compradores y vendedores según sea el caso. Esa huella me la dejará en forma de mechas, indicándome que allí hay liquidez.

Puedo dividir el mercado en dos tipos de momentos que definen cómo buscaré la oferta y la demanda para seguir encerrando el precio y teniendo un *dónde* que es lo más importante:

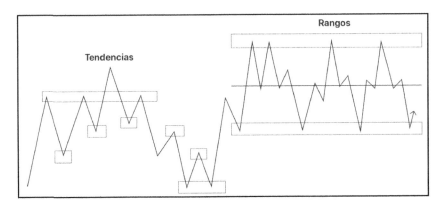

Figura H.1

Ya los rangos sabes cómo reconocerlos, nos enfocamos y comenzamos con ellos porque es la manera más simple de ver la oferta y la demanda en el mercado, cuando hay una tendencia es como si hubiese un continuo desplazamiento en la curva de la demanda o de la oferta, por lo que debo intentar detectar dónde puede formarse el siguiente punto estructural, a diferencia del rango que ya está definido y mi expectativa es que la reacción ya la forme allí. Por esta razón cuando reconozco que el mercado no está formando ningún rango, sino que lleva una tendencia marcada busco reacciones en niveles similares e implemento lo que yo llamo zonas de continuación, *zonas* porque es un área donde el mercado dejó su huella de oferta o demanda y *continuación* porque a partir de esa zona tengo la expectativa que ocurra el impulso en el mercado.

Cómo definir las zonas de continuación

Lo primero que debo hacer es reconocer la tendencia, si es alcista o bajista, luego saber si estoy en un impulso o una corrección, estas zonas las utilizo solo para impulsos no para correcciones, por eso tiene que estar clara la tendencia.

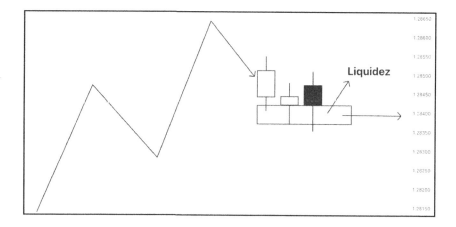

Figura H.2

En la figura H.2 tenemos un mercado en una tendencia alcista, dejando altos más altos y bajos más altos. Una vez que se completa algún tipo de corrección, la zona de continuación es proporcionada por la mismísima acción del precio, al no tener ninguna referencia a la izquierda de algún nivel donde hayan dominado los compradores más que el anterior bajo más alto, tengo que esperar que el mercado me muestre, que deje esa huella de compradores. Un *bearish test* en el que pueda tomar como referencia las últimas mechas, esa es la señal de que ese nivel ya tiene algún tipo de liquidez, recuerda que el enfoque es en ver el precio como producto de un cruce de divisas (X/X), en el que estás buscando los niveles de oferta y demanda del mismo.

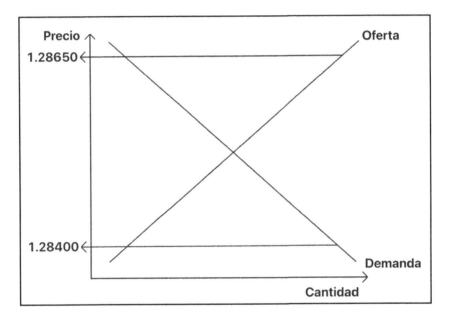

Figura H.3

Bajo el mismo principio de la ley de oferta y demanda, lo que estaría buscando con una zona de continuación es detectar el nivel de demanda insatisfecha, donde haya un nuevo dominio de compradores. La manera en que defino la zona tiene un cómo y un por qué, eso lo explicaré en los temas relacionados a acción del precio.

Al identificar esa posible zona de continuación, la mitad del trabajo ya está hecha que es buscar el **dónde**, que el mercado te diga siempre primero donde hay demanda u oferta, no juegues a la lotería.

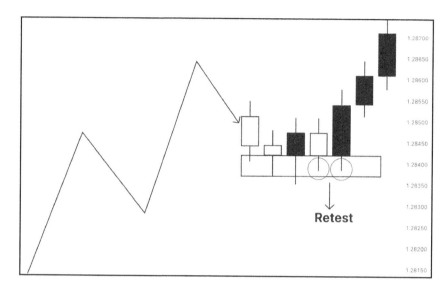

Figura H.4

El segundo paso será buscar la oportunidad en ese dónde, también especificaré en otro capítulo cómo tomar la entrada en una temporalidad menor, pero por ahora observa cómo la oportunidad está en el *re-test* de la zona, donde dejará la acción del precio que te dará la entrada en una temporalidad menor. Un lema que siempre digo: mechas de *timeframes* mayores son oportunidades en *timeframes* menores. Este es el comportamiento típico de las zonas de continuación.

Veamos un ejemplo de las zonas de continuación en un gráfico de velas: intenta hacer el recorrido visual de la estructura de mercado y cómo en los puntos estructurales deja su huella, esa primera acción del precio que permite marcar una zona para tener un *dónde* y tomar acción en los re-test.

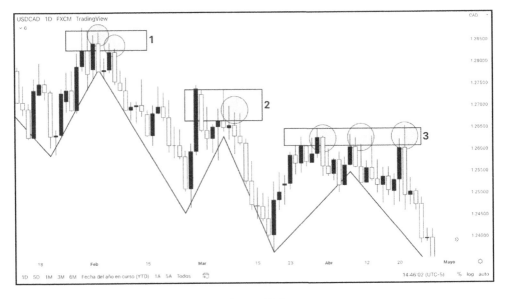

Figura H.5

Fuente: Tradingview – USD/CAD
Temporalidad: Diaria

Recuerda que la primera consideración para marcar la zona es evaluar si hay un rango o una tendencia. En la figura H.5 claramente hay una tendencia bajista, el mercado hace cada vez bajos más bajos y altos más bajos, asumiendo que venía marcando esa tendencia previamente, mi primera interrogante será *¿dónde* se formará el siguiente punto estructural? Una de las maneras en la que puedo conseguir o detectar ese nivel es viendo la izquierda (al pasado),

122

ver si tengo niveles de referencia donde dominó la oferta, pero cuando hay tendencias fuertes el mercado va avanzado y me deja sin datos con los que trabajar de referencia, por esa razón mi opción es esperar a que la acción del precio me muestre dónde comienza a dominar la oferta en este caso. En el punto estructural número 1, luego de una corrección válida tenemos un primer *bullish test* (una vela alcista seguida de una vela bajista) que forma ese techo o resistencia en el mercado, esa sería la formación que esperamos, luego en los círculos de color gris tendríamos los *re-test* donde se encuentra la oportunidad de entrar al mercado a través de la acción del precio en una temporalidad menor preferiblemente, por términos de riesgo beneficio, pero lo importante es que esa acción del precio en la temporalidad menor, o esta misma si quieres verlo de esa manera, ya tendrá un dónde, que es esa zona de liquidez que dejó el mercado.

El mismo ejemplo se replicaría para el punto estructural 2 y el 3 donde incluso, deja múltiples oportunidades antes de dar el siguiente impulso.

Actividad 3: Toma un bolígrafo y define en el siguiente gráfico las zonas de continuación que pudiste haber identificado en el recorrido del siguiente gráfico, marcando con un círculo también los *re-test* donde estarían las oportunidades de entrada:

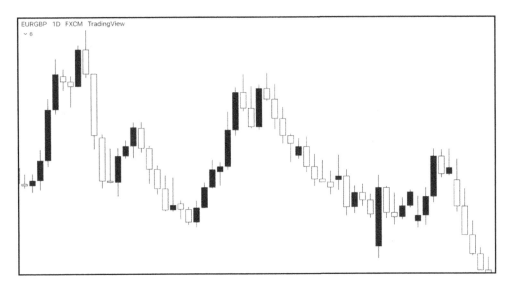

Figura H.6

Respuesta en la página de soluciones al final del libro.

Zonas de continuación en el impulso

Otra manera en la que puedo usar zonas de continuación para tener un ***dónde*** basado en la oferta y la demanda es en el propio impulso, es decir, una vez el punto estructural se haya formado buscaré esa huella en el impulso.

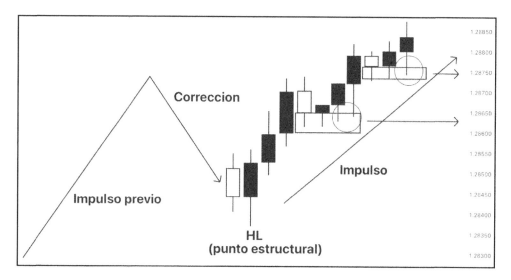

Figura H.7

No solo los niveles de oferta y demanda en los rangos son operables, ni tampoco solo los puntos estructurales, también podemos sacar provecho de los impulsos o el recorrido del mercado, ya sea luego de comenzar un impulso a partir de un punto estructural o al estar haciendo un recorrido dentro de un rango de oferta y demanda.

En la figura H.7 tenemos una tendencia alcista, a partir del último punto estructural (HL) comienza un recorrido que forma ese último impulso que

125

podemos apreciar, a medida que traza su ruta va dejando ciertos *bearish test* en los que deja nuevas huellas de demanda en los respectivos precios, con la misma metodología podemos tomar los *re-test* que están dentro de las circunferencias grises, posicionándote con la acción del precio en una temporalidad menor dentro de ese ***dónde*** (la zona).

"Analista técnico o fundamental puede ser cualquiera… pero un trader amerita una mente serena, emociones de hielo y una confianza inquebrantable."

A.M.

Veamos cómo lucen estas zonas de continuación en los impulsos identificándolos en un gráfico de velas.

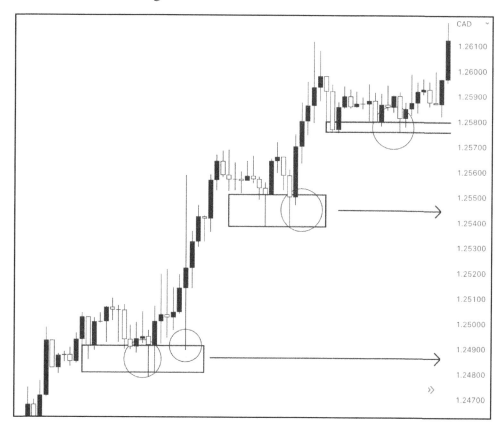

Figura H.8

Fuente: Tradingview – USD/CAD
Temporalidad: 1H

Es importarte saber cuándo hay puntos estructurales válidos o cuándo es una continuación de mercado. En el ejemplo de la figura H.8 tenemos una continuación, no hay retrocesos que definan puntos estructurales, sino que es todo un impulso, pero en ese impulso siempre existirá ese ruido de mercado que deja esas nuevas huellas que estamos buscando para aprovechar el recorrido reentrando o tomando nuevas entradas, bajo el mismo concepto vemos las oportunidades, un primer *bearish test* a la izquierda que me permite marcar la zona y luego en la circunferencia gris el *re-test* para tomar la entrada.

"Uno de los aspectos más importantes del psicotrading es recompensarte por el esfuerzo y el estrés que amerita tradear y seguir los mercados, no importa si cerraste positivo o negativo este mes, ya lo estás intentando y eso te pone a un paso de ganar."

A.M.

Actividad 4: Con un bolígrafo marca las zonas de continuación que consideres válidas en el siguiente impulso, y en una circunferencia encierra el re-test donde consideras estuvo la oportunidad de entrada.

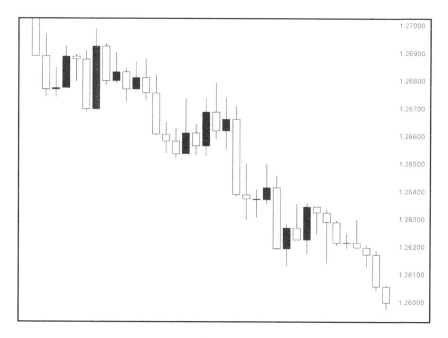

Figura H.9

Respuestas en la página de soluciones al final del libro.

La clave para diferenciar una zona de continuación en un punto estructural y una zona de continuación en un impulso es: primero identificar la tendencia y definir la estructura, usando preferiblemente la herramienta de ruta para que quede aún más clara; y segundo, hacer una buena correlación de temporalidades para tener una proyección y saber cuál es más conveniente de aplicar. Si aún no comprendes esta diferencia al 100% no te preocupes que con todos los temas siguientes me aseguraré que al final del libro lo entiendas a la perfección.

Cómo marcar una zona

Antes de marcar una zona, la primera pregunta que debo hacerme es ¿hay un rango, una continuación, o un nivel repetitivo? Ya que esto define cómo marcaré la zona. Seguro notaste una diferencia importante, las zonas en los rangos son más extensas porque hay niveles repetitivos y mientras se estén respetando estas se van alargando en busca de reacciones futuras, mientras que las zonas de continuación son mucho más cortas, es como un nivel donde hay una oferta o demanda, pero momentánea ya luego se perderá, es por eso que este tipo de zona no se extiende al futuro.

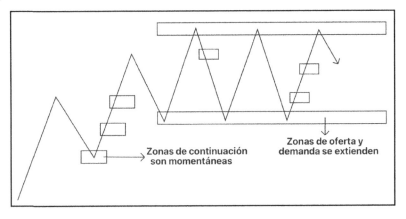

Figura I.1

Hay *traders* que prefieren operar tendencias (continuaciones de mercado) y otros que prefieren operar consolidaciones (rangos), yo particularmente prefiero rangos porque ya hay un dónde definido y un nivel de proyección en la zona contraria a la que me posiciono, pero es cuestión de gustos, ya sabes que puedes ubicar pares en tendencia fácilmente analizando el rendimiento del índice de divisas que puedes ver escaneando la figura D.9.

Cuando marco una zona estoy buscando la oferta y la demanda, pero esta se origina cuando hay liquidez, este es un concepto importante de entender. La liquidez, por definición, es la facilidad en que conviertes un activo en efectivo de manera rápida, pero si estamos hablando de divisas no tendría mucho sentido ya que es el mismo efectivo. La razón es porque el activo sería el precio, a eso me refiero cuando digo ver el precio como el producto, pues al final del día eso es lo que están negociando en el intercambio de divisas, el precio o tasa de cambio. El precio tendrá liquidez para los oferentes cuando está en un punto interesante para ellos, pues la mayoría quiere vender o intercambiar a ese nivel y tendrá liquidez para los demandantes cuando también esté en un punto interesante para ellos, ven oportunidad de comprar o intercambiar. Por eso las zonas se marcan en las mechas, porque nos muestran el área de liquidez donde toma velocidad la compra o la venta (las negociaciones en ese rango de precio).

Figura I.2

Fuente: Tradingview – USD/CHF
Temporalidad: 1D

Para conseguir la liquidez hay que evitar marcar los cuerpos de las velas, cuando hay múltiples toques lo ideal es buscar un promedio y quizá terminar tocando cuerpos de velas, pero lo ideal es irse a los extremos, el precio reacciona con mucha exactitud a las zonas, por lo que es importante marcarlas tomando en cuenta los detalles, no solo colocarlas y ya. Diferenciar las zonas de oferta y demanda al punto de equilibrio es esencial.

Veo mucho en traders que están comenzando que al buscar solo mechas sin entender los extremos de oferta y demanda terminan marcando el punto de equilibrio, no es un error marcarlo como tal, pero hay que entender que ese nivel no tiene una polaridad, es neutro, crea sensibilidad en el precio, pero no puede indicar si es al alza o la baja, no hay una probabilidad dominante, mientras que decir zona de demanda y zona de oferta es como decir, blanco o negro, frío o caliente.

Como quiero el área más fuerte en liquidez, la defino por una zona que vaya dentro de lo posible desde el cuerpo de las velas hasta la segunda mecha más baja si es una zona de demanda y hasta una segunda mecha más alta si es una zona de oferta. Dejar una mecha sobrante tiene un sentido que comprenderemos en la correlación de zona, estructura y acción del precio en los siguientes capítulos.

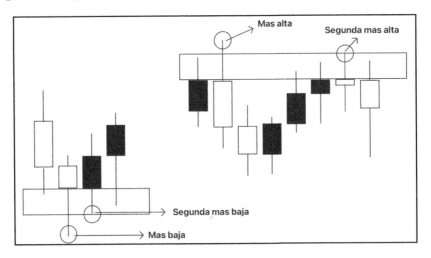

Figura I.3

El ojo se va afinando con muchas horas de práctica en el gráfico. Marcar las zonas es un arte y una vez domines la técnica y veas la efectividad con que el precio reacciona a tus zonas irás teniendo cada vez más confianza.

Actividad 5: Con la ayuda de una regla marca las zonas de oferta y demanda en el siguiente gráfico, recuerda ser lo más detallista posible, yéndote a los extremos, si identificas un punto de equilibrio también puedes dibujarlo.

Figura I.4

Respuestas en la página de soluciones al final del libro.

Recomendaciones básicas para las zonas:

Entender tanto la importancia de las zonas como el lugar donde tienes la base de las probabilidades se traduce en marcarlas con rigurosidad, siendo detallistas y organizados. Te daré unas recomendaciones básicas para tener un *preset* de la herramienta que utilices para marcar tus zonas.

1) Usa un color para cada temporalidad. Evita usar colores muy oscuros, ya que analizarás dentro de zonas de temporalidades mayores.

2) En general los dibujos de temporalidades menores no deben verse en temporalidades mayores, por lo que tus zonas tampoco, quita la visualización en cada una de las zonas hacia las temporalidades que sean mayores, así evitas una cantidad de dibujos innecesarios en las temporalidades que no corresponden.

3) Sé detallista en el trazado, no coloques una zona solo por colocarla, intenta tener cada vez más exactitud en el trazado.

4) Elimina zonas viejas que ya no sean necesarias, un gráfico limpio es como un área de trabajo limpia y ordenada.

5) Si no ves zonas claras no las marques. No hay que forzar el trazado de zonas, hay momentos de mercado donde todo se hace más engorroso.

Descansa del gráfico, despéjate y vuelve, a veces ver continuamente el ruido del mercado hace que se nuble la visión de este.

6) Coloca bien el gráfico. Si ves todas las figuras donde plasmo un gráfico te darás cuenta de que hay una proporción que permite ver las cosas de una manera más sencilla, no hagas demasiado *zoom out,* necesitas ver cuerpos y mechas de velas, busca un punto medio de colocación donde todo se vea mejor.

7) Haz un *preset* de tus zonas, la mayoría de las plataformas de análisis te permiten hacer uno, donde ya tienes guardadas tus plantillas para cada temporalidad con su respectivo color, temporalidades de visualización etc.

CAPITULO II: ¿POR QUÉ?

Significado del "por qué"

Todo en la vida tiene un porqué, pero para que haya un porqué tiene que haber un hecho. Tú estás leyendo este libro por alguna razón, tal vez porque te interesa aprender del mercado de divisas, o quizá porque te lo recomendaron. Aun cuando ni siquiera tú lo sabes hay un porqué, pero la diferencia es que cuando tienes un propósito sabes por qué haces la cosas. Ya sabemos que, como *trader* solo tienes dos opciones: posicionarte en largo o posicionarte en corto, esa decisión debe tener un fundamento, un porqué, esa será la segunda pregunta.

Si le preguntas a un *trader* por qué acaba de posicionarse en largo o en corto de inmediato te dirá sus argumentos técnicos o fundamentales, pueden ser muchas las razones o pocas, pero por lo menos debe tener un porqué.

Con esto quiero decir que el porqué de un *trade* no solo tiene un fundamento, pero por ahora quiero que la respuesta de esa pregunta sea solo la tendencia, es decir, que si te pregunto por qué te posicionaste en largo tu respuesta solo pueda ser "porque hay una tendencia alcista", y si te pregunto por qué te posicionaste en corto tu respuesta solo puede ser "porque hay una tendencia bajista".

Imagina que estás en un velero en el medio del océano, necesitas llegar a tierra firme lo más pronto posible y tienes dos opciones, ambas a 10 kilómetros de distancia, pero una queda hacia el este y otra hacia el oeste. Al revisar la dirección del viento descubres que está dando con fuerza hacia el oeste, la decisión más sensata será evidentemente ir hacia el oeste y si te pregunto por qué tu respuesta sería lógica, la respuesta sería "porque el viento está dando hacia el oeste".

Lo mismo sucede con la tendencia, ir en su contra es luchar contra el mercado, pero cuando te posicionas a favor de ella te arrastra como el viento a un velero en la dirección deseada. Por esa razón mientras lees este libro quiero que el porqué de la dirección que buscas esté fundamentada en la tendencia. Hasta ahora podemos plantear la zona del dónde, pero la tendencia es el porqué.

Pero una buena pregunta sería ¿qué define la tendencia?, y más allá de que puedan existir indicadores, medidores de tendencia, osciladores entre otras herramientas, lo que define la tendencia **es la estructura.** Una tendencia alcista es la que logra formar altos más altos y bajos más altos, mientras que una tendencia bajista es la que logra formar bajos más bajos y altos más bajos. Pero hay una buena y una mala noticia, la mala es que un activo posee múltiples temporalidades por lo que definir la tendencia no es tan sencillo como descubrir esto en un solo *timeframe*, pero la buena es que si logras entender la correlación entre las tendencias puedes tener proyecciones, swing, *intraday* o *scalping*.

Hagamos una analogía con el mismo ejemplo del velero, ¿qué sucedería si descubres que ese fuerte viento que estaba dando hacia el oeste solo dura unos 5 minutos y luego da en dirección contraria hacia el este por 30 minutos seguidos, y ese ciclo se repite una y otra vez? La lógica te diría ahora que la mejor opción para recorrer esos 10 kilómetros es ir hacia el este, bajar las velas los 5 minutos en que el viento pegue en contra y luego de nuevo avanzar 30 a favor. Pero fíjate que un factor importante es la distancia, en el ejemplo tenemos un destino a 10 kilómetros, pero quizá si fuera solo un kilómetro con esos 5 minutos de vientos hubiera sido suficiente.

Esta es la razón por la que muchos *traders* no aciertan su proyección, y también es la razón por la que muchas veces no sacan provecho de una excelente posición cerrándola temprano y luego viendo cómo el mercado da un gran recorrido a favor de esa posición cerrada.

Por esa razón no quiero que tu porqué esté fundamentado en una primera lectura del viento, sino que seas capaz de fundamentarlo en la correlación de las tendencias.

"Si Da Vinci viviera en esta época

sería un analista técnico."

A.M.

Que las probabilidades siempre estén de mi lado (estructura)

Ya te conté mi afán por la estadística, esos eventos basados en la probabilidad, y como podrás imaginarte cuando me hago una pregunta tan importante como trader ¿por qué me posicioné en corto? O ¿por qué me posicioné en largo? La respuesta tiene que estar bien fundamentada, y al igual que el "dónde", necesito que ese porqué ponga las probabilidades a mi favor.

Un "porque" fundamentado en la estadística.

Así como el "dónde", el "porqué" también tiene para mí como base la estadística, se puede decir que posicionarse a favor de la tendencia responde al 66,6% de probabilidad de ganar un *trade*, siempre y cuando sea comprendida en un marco temporal, y esto lo fundamentaré en los siguientes capítulos.

Entiende la tendencia en un marco temporal

La real academia española tiene tres definiciones básicas para la palabra tendencia:

1. Propensión o inclinación en las personas y en las cosas hacia determinados fines.
2. Fuerza por la cual un cuerpo se inclina hacia otro o hacia alguna cosa
3. Idea religiosa, económica, política, artista, etc., que se orienta en determinada dirección.

Las primeras dos definiciones tienen más cercanía al tema de mercado, podríamos definirla como la propensión o inclinación en los participantes de mercado (compradores y vendedores). Los vendedores no siempre serán vendedores y los compradores no siempre serán compradores, según el momento del mercado pueden pasar de un banco al otro, solo son las inclinaciones de estos participantes, pero sucede algo importante, que a estas inclinaciones necesitamos encajarlas en un marco temporal.

Si hablamos de ropa y estudiamos la tendencia necesitamos encajarla en un marco temporal, como que los shorts serán tendencia en verano, pero los pantalones largos serán tendencia en otoño, estas estaciones tienen una duración, si compro short en verano, pero ya faltan solo días para el inicio del otoño probablemente ni siquiera los use. Bajará la demanda de shorts y subirá la de pantalones largos, toda tendencia tiene un marco temporal para definirse.

En términos de mercado, con la tecnología con la que contamos hoy en día puedes evaluar tendencias en múltiples temporalidades con solo dar un clic, pasando de una a otra, si te vas a plataformas como *tradingview*, en el área de

"intervalo de tiempo" verás que puedes pasar por 18 temporalidades básicas (sin contar las exóticas). Esto quiere decir que, si lo deseo, puedo evaluar 18 tendencias distintas, ya que cada marco temporal puede tener una. Pero esto realmente no serviría de nada, siempre digo que cada temporalidad es una variable, y al igual que en la matemática, mientras más variables tiene una fórmula más compleja se vuelve.

"Un gráfico limpio y proporcional es atractivo."

A.M.

Tendencias según la teoría de Dow.

Me gustaría contarte de dónde nace la famosa teoría de Dow. si te gusta el análisis técnico y has leído algún otro libro relacionado al tema, muy probablemente te has topado el nombre de Charles Henry Dow, este personaje es considerado el padre del análisis técnico.

Dow fue un periodista y economista estadounidense, nació en Sterling, Connecticut. Su padre, que era granjero, murió cuando él tenía 6 años por lo que le tocó trabajar desde muy joven como obrero para ayudar a su familia. A pesar de que nunca terminó sus estudios, a los 21 años trabajó como editor para el periódico *"The Springfield Daily Republican"*, estuvo varios años en esa industria trabajando como reportero para distintos periódicos.

En una de las agencias de noticias para las que trabajaba conoció a su colega Edward Jones, con quien decidió emprender más adelante fundando una agencia de consultores financieros en 1882 llamada Dow Jones and

Company. Con esta empresa fundaron el famoso diario económico *"The Wall Street Journal"* y en 1884 crearon la primera media de valores bursátiles, este índice comienza con el cierre de 11 valores tomando en cuenta las empresas más importantes del país entre las que estaban nueve de ferrocarriles y dos de fabricación, de esta manera se podía reflejar la salud de la economía. Para ese entonces no existían los computadores evidentemente, pero Dow tomaba el cierre diario de este índice y los graficaba en papel en un eje de coordenadas, algo que luciría de la siguiente manera.

Cierre de precio del día 1 para las 11 empresas:

Empresa 1 = $5

Empresa 2 = $3

Empresa 3 = $4.6

Empresa 4 = $7.2

Empresa 5 = $3.4

Empresa 6 = $2.1

Empresa 7 = $9.2

Empresa 8 = $5.3

Empresa 9 = $6.7

Empresa 10 = $3.1

Empresa 11 = $1.1

Total: 50.7

Para obtener la media solo debemos sumar el valor de los 11 valores y dividirlo entre ese mismo número:

Valor total: $50.7 \div 11 = 4.6$

El valor que estaría reflejando el índice para el cierre de precio del día 1 sería 4.6.

El siguiente paso es plasmar esa información en un eje de coordenadas para comenzar a graficar, planteando el precio en el eje "Y" y los días en el eje "X".

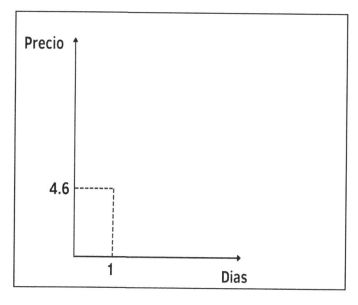

Figura I.5

De esta manera ya tendríamos un primer punto en el eje de coordenadas, un vector establecido por el cierre del precio (4.6) del día uno. Podrás imaginar todo el trabajo que conllevaba armar un gráfico hace más de 100 años, sobre todo si deseabas estudiar distintos marcos temporales, ya que sería necesario calcular todos y cada uno de los vectores para poder generar un gráfico.

Por ahora sigamos graficando las fluctuaciones de una semana con los valores en los cierres de precios diarios para este índice de once empresas.

Asumiendo que tenemos los siguientes cierres de precios diarios en el índice:

Día 2 = 5.5

Día 3 = 7.8

Día 4 = 5.9

Día 5 = 8.2

Con estos datos ya podríamos tener un gráfico más completo, viendo las fluctuaciones de toda una semana.

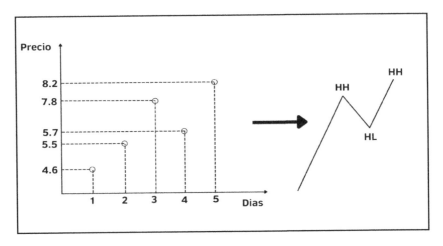

Figura I.6

Si vas trazando una línea por los puntos de los vectores de la figura I.6 desde el día 1 hasta el día 5 verás cómo se forma lo que hoy en día conocemos como una estructura alcista, formando altos más altos (HH) y bajos más altos (HL), de esta manera Dow comenzó a identificar el comportamiento del mercado a través de los gráficos, consiguiendo patrones geométricos, proporciones y tendencias.

En 1886 Dow y Jones volvieron a crear dos índices, uno de ellos el famoso Dow Jones *Industrial Average*, el cual estaba conformado por doce empresas en su inicio, hoy en día está compuesto por las 30 empresas públicas más grandes cotizadas en la bolsa de New York y se le conoce como el US30, por ende, actualmente sigue siendo uno de los índices más importantes para medir la salud de la economía americana.

A través de sus estudios, Charles Dow utilizaba una serie de principios y fundamentos para entender el funcionamiento de los mercados, redactó unas 255 notas editoriales que fueron publicadas en el *Wall Street Journal* entre 1900 y 1902. En este último año Dow murió en Nueva York y fueron recopiladas todas sus anotaciones para publicar un libro llamado *"el ABC de la especulación con valores"* y más tarde esta información sería conocida como la teoría de Dow, y es de allí donde se supone que inicia y se fundamenta el análisis técnico.

Ahora que ya conoces esta gran historia puedes comprender que estos principios que aprenderás sobre la tendencia y su lectura tienen más de cien años y aún se siguen cumpliendo los preceptos de la teoría de Dow, además puedes ser consciente de la facilidad que tenemos hoy en día para obtener el gráfico del activo que deseemos en la temporalidad que deseemos con un par de clics. Contamos con una gran gama de indicadores y herramientas para ser aplicadas en el gráfico, si Dow estuviese vivo creo que alucinaría al ver como su teoría está más vigente que nunca y se puede apreciar en los modernos computadores.

La teoría de Dow determina que el precio del mercado se mueve formando tres tendencias: primaria, secundaria y terciaria (también conocida como menor). El 3 es un buen número para definir el estado de las cosas como, por ejemplo: caliente, tibio o frío; sólido, líquido y gaseoso; negro, gris y blanco; pasado, presente y futuro; entre otros ejemplos. Cuando definimos un *trader* según la duración de sus operaciones lo hacemos con *Swing, Intra* o *scalper*, por lo que esa división de la tendencia en 3 marcos temporales son las que necesitamos para conseguir nuestras temporalidades en el mercado.

Tendencias Primarias:

La tendencia primaria es como la madre de las tendencias, es la más grande de todas, tiende a tener una duración de más de 6 meses. Dependiendo el mercado puede variar, en el mercado de divisas tiende a durar más de un año. Por su duración, las temporalidades correctas para seguirla pueden ser mensuales o semanales, aunque siempre recomiendo seguirla en la mensual. Las tendencias primarias tienden a nacer en los niveles institucionales, donde están aquellas ofertas y demandas más fuertes marcadas por las instituciones como estuvimos viendo en el capítulo anterior. La razón es porque una de las variables que puede influir en la creación de tendencias primarias para el mercado de divisa es el tipo de interés, por eso se considera una fundamental de alto impacto y que puede influir a largo plazo en la tendencia.

Veamos cómo se ve una tendencia primaria en el mercado de divisas (EUR/USD):

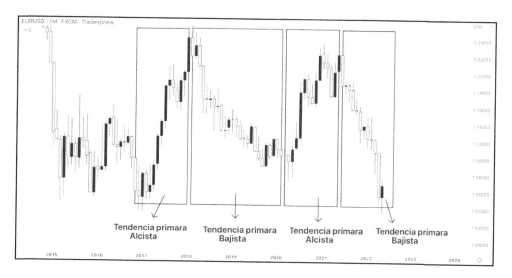

Figura I.7

Fuente: Tradingview – EUR/USD
Temporalidad: Mensual

En la figura I.7 podemos reconocer cuatro tendencias primarias, dos alcistas y dos bajistas, uno de los aspectos más importantes respecto la definición de la misma es que a diferencia de la secundaria y la terciaria en esta nos apoyamos más en la duración de la misma que en los puntos estructurales para definir si estamos alcistas o bajistas.

Para explicar de forma más gráfica lo explicare con la siguiente imagen:

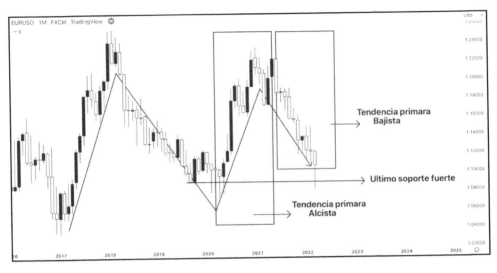

Figura I.8

Fuente: Tradingview – EUR/USD
Temporalidad: Mensual

Al decir que la tendencia primaria se define por la duración de esta, más que por los puntos estructurales me refiero que en situaciones como la de la figura I.8 donde aún no hemos quebrado el último soporte fuerte. De igual manera ya puedo definir una tendencia primaria bajista en un momento de mercado que ya me está mostrando más de seis meses en una dirección, como la que vemos a la derecha, evidentemente nuestra tarea será identificar el nacimiento de estas tendencias primarias mucho antes para poder entrar temprano en ella e identificar la dirección del mercado a largo plazo.

Las tres fases de una tendencia primaria:

Las tendencias primarias, independientemente del mercado, tienen tres fases en su evolución, y con todo lo planteado en el primer capítulo entenderás cada una de estas fases. Podrás entender en retrospectiva movimientos que te tomaron por sorpresa y que quizá no entendías, ya sea en el mercado de divisas, acciones, metales, criptomonedas o cualquier otro en el que hayas participado.

Fase 1: Acumulación (compra o participación institucional):

Esta primera fase es el génesis de la tendencia primaria. Como su nombre lo indica, es la fase de acumulación (donde hay mayor volumen) porque entran las instituciones, y como hemos visto ya en múltiples ejemplos, las instituciones siempre buscan comprar o vender al mejor precio y a partir de allí se crean los conocidos niveles institucionales, a partir de cuales se crean esas tendencias de largo plazo. Tiene sentido ya que, al ser las que manejan mayor volumen, son las que pueden crear una oferta no vendida o una demanda insatisfecha en el mercado.

Fase 2: Fundamental (compra o participación *retail*):

La segunda fase de la tendencia primaria es la que beneficia a los participantes de la fase uno, o por lo menos eso es lo que se busca, en términos de inversión (poseer el activo). Esta fase tiene una ventaja y una desventaja según el momento en que participes, la ventaja es que ya el mercado está mostrando una tendencia, pero la desventaja es que no estarías entrando al mejor precio y corres el riesgo de que la tendencia ya pueda estar cerca de la tercera fase.

Fase 3: Distribución (venta institucional)

La tercera fase es el final de la tendencia primaria. Al igual que en la primera fase, acá entran en juego las instituciones para tomar ganancia, al actuar nuevamente con todo su volumen crean ahora un nuevo nivel de oferta no vendida o demanda insatisfecha, la tercera fase puede ser ya parte de la primera fase de la siguiente tendencia, todo depende del momento del mercado, en otras ocasiones hay un lapso que puede crear una brecha hasta mostrar una primera fase de una nueva tendencia primaria.

"Somos el NFT más valioso que existe, no fungibles,

con un ADN único, y ese es el valor más grande que tienes,

NADIE PUEDE SER TÚ."

A.M.

En la siguiente imagen ubicaré estas tres fases de las últimas dos tendencias primarias enmarcadas en la figura I.7.

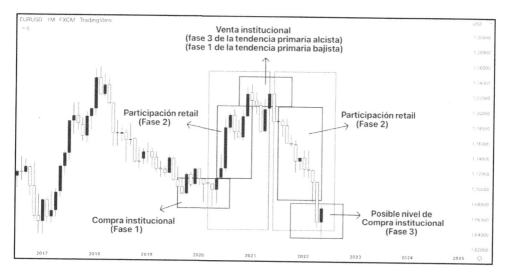

Figura I.9

Fuente: Tradingview – EUR/USD
Temporalidad: Mensual

En la figura I.9 están las últimas dos tendencias primarias enmarcadas, en la alcista que comienza alrededor de febrero y marzo del 2020, se puede apreciar esa primera fase de compra institucional, donde se hacen movimientos de un volumen gigante ante la amenaza de la devaluación del dólar y su tipo de interés en 0%, ya conoces que en estos puntos es donde comienzan las estrategias de *carry trade* para las instituciones.

En el recorrido de la tendencia tenemos la fase 2, donde se enfoca la participación *retail* (en ese recorrido también habrá participación de instituciones) y finalmente tenemos la fase 3, donde las instituciones toman

155

ganancias y entra un volumen de órdenes en dirección contraria ya que se ha cumplido un buen porcentaje de devaluación para la divisa y ahora las oportunidades son en la dirección contraria. Por esa razón, la tercera fase puede formar parte de la primera, que en este ejemplo es el inicio de la tendencia primaria bajista, el punto actual para el EUR/USD como se aprecia en la Figura F.8 puede ser un nivel de compra institucional, dando el fin a la tendencia primaria bajista con una fase 3, y el inicio a una nueva tendencia. Todo dependerá de las variables vistas en los capítulos anteriores, lo importante es que una vez detectada la fase 1, entenderás la dirección del mercado por los siguientes meses, y una de las maneras de conseguir esto en etapa temprana es con la correlación de la tendencia secundaria.

En el capítulo uno estudiamos a las ballenas, y seguramente recuerdas el ejemplo del *token "fake"*. Con ese ejemplo no hice más que mostrar las tres fases de la tendencia primaria. En la figura B.4 está representada la fase 1 por la compra institucional, luego la fase dos por la participación e inversión *retail* (lo cual hace subir el precio) y la fase 3 representada por la venta institucional.

Una gran diferencia del mercado de divisas respecto a otros mercados como el de *acciones* o *crypto*, es que estos últimos dos funcionan por *"marketcap"* (captación de dinero). Por esa razón, cuando uno de estos activos está en la fase dos, las instituciones o participantes de la fase 1 invierten incluso en marketing o publicidad para aumentar la participación del público en general, y por eso también es muy común ver que, cuando un activo ya está en boca de todos, ya es tarde para invertir en él. Muy probablemente este cerca la fase 3, de allí la famosa frase de John Rockefeller "cuando mi limpiabotas invierte en bolsa yo lo vendo todo". Simplemente se refería a que cuando las manos inexpertas entran al mercado lo hacen por comentarios o publicidad, ya esa es la señal de que la fase 3 está cerca, y cuando se trata de bolsa o criptomonedas hablamos de esas ventas institucionales.

Entrar en la fase 1 y salir en la fase 3 es la mejor opción evidentemente, pero para esto necesitas el acceso a la información de parte de las instituciones o ballenas, y esto no es muy fácil de obtener, pero el gráfico está allí para todos y va dejando su huella, y a través de la correlación te enseñaré técnicas para detectar estas fases claves.

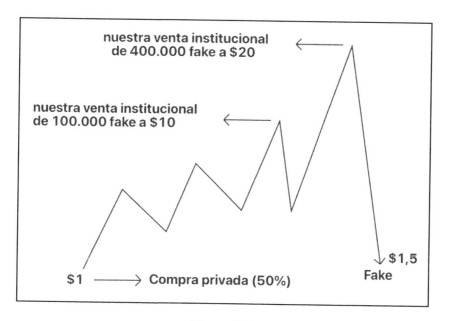

Figura B.4

"Cuando mi limpiabotas invierte en bolsa yo lo vendo todo", John Rockefeller

Comprobemos si es cierta esta teoría que acabo de plantear y que el Sr. Rockefeller, uno de los inversionistas más grandes de la historia, nos deja con su famosa frase.

En la siguiente imagen mostraré el aumento y la disminución en la búsqueda de la palabra "Bitcoin" en google durante el periodo marzo de 2017 hasta febrero 2019.

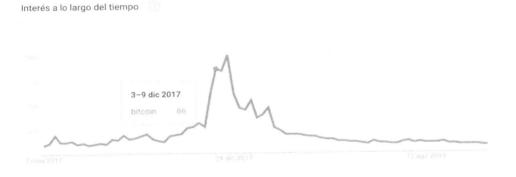

Figura J.1

Fuente: *Googletrends*
Interés de búsqueda en la palabra "Bitcoin" 2017-2018

Este es un excelente ejemplo para entender la frase del gran Rockfeller, en la figura J.1 se puede apreciar un muy bajo interés en la búsqueda de la palabra "Bitcoin" durante el período previo a noviembre de 2017, pero ese era precisamente el período en el que Bitcoin estaba a oportunidad de compra. A finales de 2017 comenzó un *bullrun* y Bitcoin se convierte en tendencia, cada vez más eran las personas (manos inexpertas) las que hablaban de este activo. Compraban y recomendaban a sus amigos o familiares comprar. A esto es a lo que se refería Rockefeller con su frase, sin denigrar ninguna profesión, sabía que su limpiabotas no tenía conocimiento del mercado y que si le hablaba de un activo era simplemente porque ya estaba en boca de todos, como nos demuestra *googletrends* en el periodo del 3 al 9 de diciembre de 2017, donde la palabra "Bitcoin" alcanzó su punto máximo de interés en búsqueda, y a su vez el Bitcoin marcaba su ATH (máximo histórico) de casi $20.000. Esto significa que la participación del público *retail* fue mucho más alta durante ese último período donde el precio estaba a punto de desplomarse, pues venía la tercera fase de esa tendencia primaria, la venta institucional, donde se ve representado un principio psicológico de los mercados *"marketcap"* el cual es una subida más lenta o escalonada del activo por la confianza que van adquiriendo los inversionistas, pero el miedo es un sentimiento más fuerte, por lo que al mostrar una primera caída agresiva se crea el pánico en el mercado y todos los *retail* venden en masa provocando que el precio caiga verticalmente.

Pero eso no es todo, a finales de 2018 y principios de 2019 donde el Bitcoin vuelve a estar en precios más oportunos no hay prácticamente ningún interés reflejado en los motores de búsqueda de google, es en estos momentos donde entran las instituciones y se repite el ciclo.

Ahora veamos el grafico de Bitcoin durante el mismo período para que puedas compaginar la correlación interés de búsqueda con el precio.

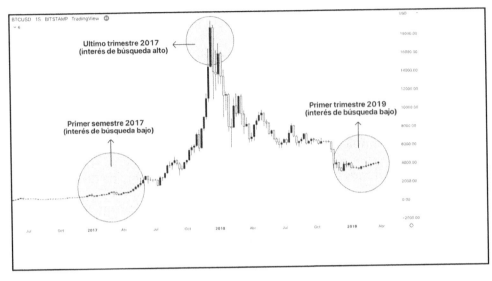

Figura J.3

Fuente: Tradingview – BTC/USD
Temporalidad: semanal

Los tres puntos de referencia en la figura J.3 son clave para correlacionar el precio con el interés en los motores de búsqueda y cómo puede influir el marketing espontáneo o planificado en un activo.

Ahora que has aprendido este principio, puedes ir a *googletrend* a través del siguiente QR y consultar el activo que desees. En un mercado de *marketcap* lo más conveniente es que haya un interés de búsqueda constante y en diversos países, si el interés está concentrado en un solo país o en pocos puede que solo se trate de marketing y no sea un activo realmente interesante como para traspasar fronteras.

Figura J.2
Interés de búsqueda en google
Fuente: Googletrends

Evidentemente, cuando se trate de un proyecto con mucho potencial que no es descubierto o promocionado, no mostrará aún interés en los motores de búsqueda y eso puede ser positivo ya que podrías ser de los primeros inversionistas y estar entrando en niveles institucionales en la fase 1, al igual que puede subir el interés de búsqueda en caso de una caída fuerte o algo polémico respecto al activo.

Esta es una herramienta que recomiendo principalmente para los tipos de mercado que he especificado, donde se busca la participación *retail*. El mercado de divisas tiene otros principios, por eso nunca verás una publicidad influenciándote a comprar dólares o euros, pero si verás a los *traders* activistas actuar en mercados como la bolsa o criptomonedas, los activistas son esos que buscan influenciar en el público dependiendo si su interés es un alza o una caída en el mercado.

Tendencias secundarias:

La tendencia secundaria, también conocida como el *timeframe* principal, es la piedra angular de la correlación. En todas las tendencias es importante la estructura, pero en esta es clave. Si escoges una temporalidad equivocada como *timeframe* principal tendrás muchas complicaciones a la hora de entender la dirección del mercado. Estas tendencias suelen durar de tres semanas a seis meses, los cambios estructurales de esta tendencia en niveles institucionales pueden ser una señal de una nueva tendencia primaria.

El hecho de que sea nuestro *timeframe* principal hace que sea de vital importancia usar una temporalidad en la que se vea muy clara la estructura, para entender cuándo estoy en un impulso y cuándo estoy en una corrección. Para el mercado de divisas las mejores opciones tienden a ser la temporalidad diaria o H4, dependiendo la volatilidad, ya que se adaptan bastante bien ofreciendo una tendencia lo suficientemente prolongada y puntos estructurales continuamente. Cuando estoy en diario y hay muy poco ruido y los puntos estructurales no aparecen bajo a la temporalidad de H4, y cuando en esta última hay demasiado ruido, más del necesario y no se aprecia una estructura cómoda subo al diario. Estas no son las únicas dos que puedes usar, pero en mi experiencia cuando no se ve bien en una se ve bien en la otra.

Figura J.3

Fuente: Tradingview – EUR/USD
Temporalidad: Diaria

En la figura J.3 el diario figura como un buen *timeframe* principal, siendo la tendencia secundaria para la correlación, las fluctuaciones se ven claras mostrando impulsos y retrocesos (una continuación de mercado), definiendo estos puntos estructurales será sencillo ubicarse y proyectar en la tendencia terciaria.

Definir la tendencia de un activo depende la temporalidad, puede llevar una tendencia alcista a largo plazo, pero bajista a corto plazo, por lo que es una pregunta relativa, sin embargo, la tendencia secundaria al ser la *intraday* es la que define la tendencia en un sentido general. La primaria solo se puede definir a largo plazo y la terciaria es prácticamente un ruido del mercado del cual nosotros sacamos provecho como *traders*. Es por eso que cuando hacía un repaso del índice de rendimiento de divisas en la figura D.7 hago un enfoque en los marcos temporales que puedan indicarme cómo se encuentra la tendencia secundaria.

Algo positivo de las tendencias secundarias es que tanto los impulso como las correcciones de mercado ofrecen movimientos considerables que pueden ser anticipados en la tendencia terciaria, sin embargo, operar impulsos siempre será lo más oportuno ya que vas a favor de la tendencia, por lo que las proyecciones suelen ser más beneficiosas en riesgo/beneficio también.

Tendencia terciaria:

Llegamos a la más pequeña de las tendencias planteadas por la teoría de Dow, la tendencia terciaria es nuestro famoso *timeframe* de entrada al mercado, tienden a durar menos de tres semanas por su volatilidad, esta tendencia suelo definirla en H1 o M30, depende de cual temporalidad esté usando para la tendencia secundaria.

La volatilidad hace que esta tendencia pueda ser una de las más difíciles de leer en cuestión de la estructura y las zonas, pero siempre y cuando esté ubicado en la tendencia secundaria entenderé la dirección del mercado y esperaré que se correlacione.

Dependiendo nuestro objetivo en el mercado, esta tendencia puede ser más o menos útil. Cuando se trata de adquirir el activo para invertir a mediano o largo plazo en un mercado como la bolsa o las criptomonedas, llegar hasta la tendencia secundaria sería suficiente, por lo que sería una correlación de dos temporalidades (primaria y secundaria) ya que la exactitud no es el factor más importante, pero cuando se trata del mercado de divisas y operas a través de CFDs, uno de los factores más importantes es la exactitud de la entrada con la lectura en la tendencia terciaria, ya que es ese ruido del cual podemos sacar dinero constantemente, a menos que sea un estilo de trading swing. Esto quiere decir que mientras más domines y detectes los puntos estructurales de la tendencia terciaria, más rendimiento o entradas a la semana puedes obtener de tu cuenta. En promedio suelen formarse entre dos y cinco puntos estructurales a la semana en esta tendencia, mientras que en la secundaria solo uno.

Veamos una tendencia terciaria creada en la última corrección de la figura J.3:

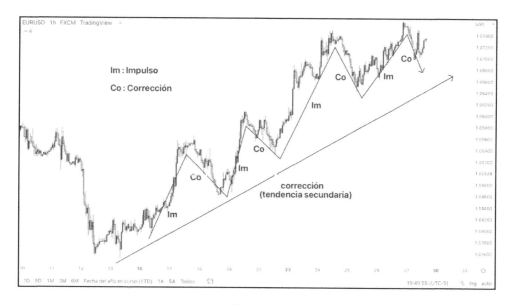

Figura J.4

Fuente: Tradingview – EUR/USD
Temporalidad: 1H, Im: Impulso, Co: Corrección

En esta tendencia terciaria basada en 1H, hay una tendencia alcista dejando hasta el momento cuatro impulsos alcistas, es válido tomar compras y serían a favor de la tendencia, pero de H1, ya que la tendencia secundaria está bajista y este movimiento solo sería una corrección hasta el momento actual del mercado.

Tomar entradas en las correcciones de la tendencia terciaria no es lo más recomendable ya que son retrocesos muy pequeños, es mejor esperar esa corrección y luego tomar el impulso, incluso cuando se trate de *scalping* la mejor opción es dejar pasar las correcciones y *scalpear* en los impulsos.

Una vulnerabilidad de la tendencia terciaria es que las fundamentales de alto impacto de la semana o cualquier otra variable inesperada que genere volatilidad hace cambios estructurales, por eso siempre hay que tener en mente la dirección del timeframe mayor que te lo da la tendencia secundaria y hasta que esta no cambie solo debes esperar que se correlacione nuevamente tu *timeframe* de entrada. Esto lo practicaremos en el tema de correlación.

Correlación

La correlación es el arte de tomar variables y entender su relación recíproca. Siempre digo que, al igual que las fórmulas matemáticas, mientras más variables más difícil se hace la ecuación, lo mismo aplica para nuestra correlación en el mercado. Cada temporalidad es una variable, por lo que, si uso cinco, ocho, diez o más temporalidades, intentar correlacionar se vuelve muy complicado y contradictorio. Por esa razón correlacionar en base a las tres tendencias planteadas por la teoría de Dow es suficiente, ya luego podremos agregar una cuarta o quinta para entradas mucho más exactas en el mercado de divisas, pero es importante entender que esas pequeñas tendencias formadas en temporalidades como M15, M5 o M1 son simplemente ruido del mercado, no se consideran una tendencia ya que cambian constantemente.

Decía que el "porqué" también se fundamenta en la probabilidad, y es que la correlación es una media estadística que muestra hasta qué punto dos variables están relacionadas linealmente y esto es lo que buscaremos entender en nuestra correlación de temporalidades.

La correlación indica la fuerza y la dirección de una relación lineal y proporcional entre dos variables estadísticas, en este caso nuestras variables son las temporalidades, pero uno de los aspectos más importantes es la proporcionalidad ya que si no hay una proporción adecuada, las variables no tienen sentido. Es decir, si intento correlacionar una semana de lluvia en Argentina con la perdida de unas cosechas en Colombia no tendría sentido porque las variables no son proporcionales, hay una distancia muy grande para que guarde algún tipo de relación directa. Lo mismo sucede en el mercado, no puedo correlacionar un cambio de tendencia en cinco minutos con la creación de una nueva tendencia primaria en el mensual, ya que es una temporalidad muy pequeña para que me arroje la probabilidad de que el mensual también cambiará de dirección.

Una buena pregunta sería: ¿cómo conseguir entonces una proporcionalidad en mis temporalidades para que exista una probabilidad de que siga la relación lineal? La respuesta no es tan complicada, y para decirlo de una manera muy espontánea diría que solo se trata de convertir una línea en un ruido cómodo de leer y luego repetir ese proceso.

Para ser un poco más explícito, te mostraré esta teoría en la siguiente imagen, basándome en las tres tendencias que identifique en el EUR/USD.

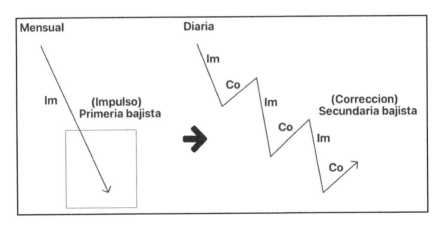

Figura J.5

Comenzaré por una correlación de dos tendencias para ir por pasos. En la figura J.5 tenemos la tendencia primaria representada como un solo movimiento, ya que así es como se leería en el *timeframe* mensual (figura I.7). Tomando el extracto de esa tendencia que está dentro del recuadro se puede apreciar cómo se ve esa línea en la temporalidad diaria (figura J.3) donde ya no solo es

168

un movimiento, sino que ahora podemos ver fluctuaciones, y lo que era solo un impulso en el mensual acá se divide en tres impulsos y tres correcciones. Como *traders* necesitamos puntos estructurales, sin ellos no tenemos puntos de entrada al mercado, y recuerda que en la temporalidad secundaria es clave la estructura, por lo que mientras más bonita se vea, mejor. El mercado forma su ruido y a veces es difícil ver una estructura muy proporcional pero siempre se verá mejor en un *timeframe* que en otro, el trabajo es buscar en cuál se ve bien y que puedas definir claramente cuándo estas en un impulso y cuándo en un retroceso.

Ahora continuemos la correlación, pero esta vez del diario a 1H, dos de las tendencias que más monitorearemos. Como la primaria se forma muy lento con una visita semanal es suficiente, mientras que en la secundaria y la terciaria mantenemos una lectura constaste para buscar múltiples puntos estructurales en la semana.

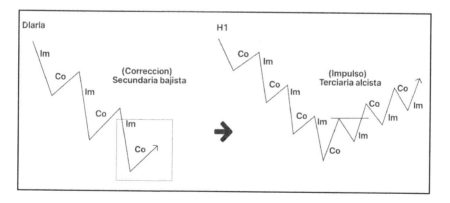

Figura J.6

Considerando que solo estoy representando en la tendencia terciaria lo que está dentro del recuadro de la temporalidad diaria, tendríamos una formación muy similar a la que podemos ver en H1, donde las últimas oportunidades han sido de compra en una tendencia alcista, comprendiendo que todas esas fluctuaciones son la corrección de la tendencia secundaria, por lo que aún no debería hacer proyecciones swing alcistas.

En ambas figuras (J.5 y J.6) se puede apreciar una buena proporción, en la que una línea (Impulso o retroceso) se convierte en un ruido en el que puedo ver ahora nuevos puntos estructurales y así aprovechar aún más las fluctuaciones del mercado.

La correlación no se trata de que todas las temporalidades mantengan la misma tendencia ni mucho menos que todas estén formando un impulso o una corrección a la misma vez, de hecho, eso sería contradictorio, la correlación implica entender qué está haciendo cada tendencia y a través de esa lectura hacer proyecciones.

Al correlacionar solo tres temporalidades se eliminan lo que yo llamo estructuras muertas, de esta manera la correlación queda más limpia y proporcional. Las estructuras muertas son esas temporalidades que están de por medio y no son las más útiles ya que la división de las velas es muy baja y no genera el ruido suficiente, en la correlación anterior del EUR/USD las estructuras muertas serían las siguientes:

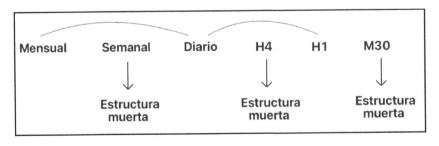

Figura J.7

170

Al bajar de una temporalidad a otra comprimimos o descomprimimos las velas japonesas, al pasar de mensual a semanal estaría dividiendo una vela en solo cuatro velas, eso hace que no se genere el ruido suficiente, si en el mensual veo un impulso en el semanal veré el mismo impulso con un poco más de ruido, pero no con nuevos puntos estructurales:

Figura J.8

Fuente: Tradingview – EUR/USD
Temporalidad: Mensual (izquierda) – Semanal (Derecha)

En la figura J.8 podemos hacer una comparación entre la temporalidad mensual y semanal, donde esta última muestra una estructura muerta. Se puede apreciar cierto ruido, pero no forma puntos estructurales válidos, mientras que si hacemos la transición del mensual al diario, sí que podremos ver una tendencia con puntos estructurales como en la figura (J.5):

Figura J.9

Fuente: Tradingview – EUR/USD
Temporalidad: Mensual (izquierda) – Diaria (Derecha)

En la figura J.9 se consigue una correlación mucho más proporcional al dividir cada vela mensual en aproximadamente 21 velas, que son los días promedio de Forex al mes. Eso genera el ruido suficiente para ver puntos estructurales en el siguiente *timeframe* (diario) y manteniendo una distancia proporcional, es decir, sin bajar demasiado a una temporalidad que dé pie a más ruido del suficiente. Pero como analistas técnicos siempre necesitamos puntos estructurales, pues son los puntos ideales para entrar al mercado y nos marcan la frontera entre el impulso y la corrección.

Lo mismo sucederá si bajo de diario a H4, donde la división de la vela será un poco más alta (6), ya que hay 6 velas de H4 en un día, sin embargo, el ruido del mercado queda en un término neutro, donde los puntos estructurales no están tan bien definidos:

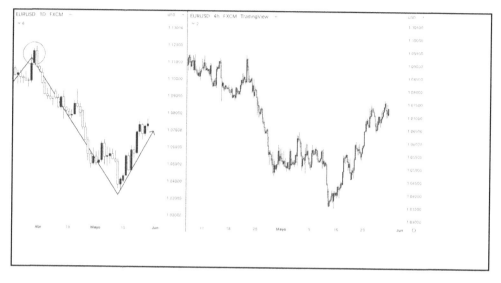

K.1

Fuente: Tradingview – EUR/USD
Temporalidad: Diaria (izquierda) – H4 (Derecha)

En la figura K.1 se representa a la derecha parte del impulso y de la actual corrección del diario, pero en la temporalidad H4, aunque hay ruido que permite ver ciertos quiebres de soportes y resistencias, no es el ideal para marcar puntos estructurales. Además, como un *timeframe* de entrada no sería el ideal porque el movimiento se iría con la acción del precio.

Por último, veamos una proporción mucho más útil entre lo que sería una tendencia secundaria y una terciaria:

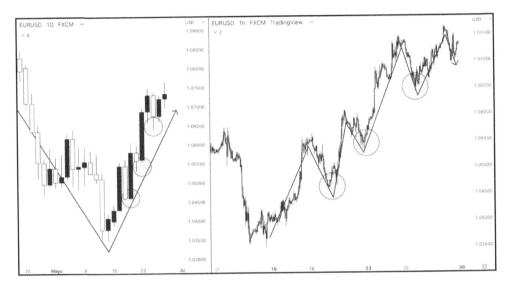

Figura K.2

Fuente: Tradingview – EUR/USD
Temporalidad: Diaria (izquierda) – H1 (Derecha)

En la figura K.2 se aplica el principio de convertir una línea en un ruido llamado estructura, lo que a la izquierda en la temporalidad secundaria (diaria) es una corrección, a la derecha en la temporalidad terciaria (H1) muestra múltiples puntos estructurales alcistas que serían las oportunidades de compra para aprovechar la corrección del diario. Cada punto gris es un punto estructural (HL) en los cuales podemos buscar las confirmaciones de compra, a la izquierda podemos ver dónde quedan ubicados cada uno de esos puntos, y queda claro que sin el *timeframe* de entrada (H1) sería muy difícil detectar las oportunidades.

174

Pueden existir muchas correlaciones con temporalidades distintas, lo importante es que siempre encuentres la proporcionalidad para conseguir el fenómeno de generar un ruido acorde al bajar de temporalidad. Una técnica que aplico es dividir la vela por lo menos en 8 al pasar al siguiente *timeframe*, y no en más de 24.

Las correlaciones que tiendo a usar son Mensual-Diario-H1 y Semanal- H4-M30 tomándolas respectivamente como primaria, secundaria y terciaria.

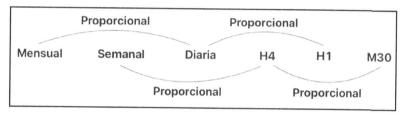

Figura K.3

Siguiendo las correlaciones de la figura K.3 elimino las temporalidades con estructura muerta que solo general confusión, y me concentro en una correlación de tres temporalidades, lo que hace más simple entender cuando las proyecciones tienen potencial *swing, intraday o scalping*. Sin embargo, el hecho de que no correlacionemos una temporalidad no quiere decir que no podamos revisarla y ver quizá un cierre de vela o usarla para ayudarnos a marcar una zona, por ejemplo.

Correlación correcta

Entre tantas posibles correlaciones o las dos que acabo de plantearte quizá te preguntarás cómo saber cuál es la mejor. Lo primero es echarles un vistazo a todas las temporalidades desde la mayor a la menor, para tener idea de cómo se ve en cada temporalidad. Opino que la tendencia secundaria es la decisiva y a partir de esa ya te queda definida la primaria y la terciaria, la razón de esto es porque la estructura mejor formada tiene que ser la del *timeframe* principal, eso hará que tengas clara la dirección del mercado, luego, en la tendencia terciaria, el ruido siempre va a existir.

"Eres un fondo de inversión a largo plazo, se un 10% mejor cada mes y al final del año serás la mejor versión de ti mismo."

A.M.

Te mostraré un ejemplo del EUR/USD de algún período en el que podamos comparar diario y H4 para identificar cuál se adapta mejor como tendencia secundaria. No siempre será la misma, el mercado tiene ciclos y si por alguna razón, la temporalidad que usabas ya no sirve porque no muestra un buen ruido, debes cambiarla.

Figura K.4

Fuente: Tradingview – EUR/USD
Temporalidad: Diaria (izquierda) – H4 (Derecha)

n la figura K.4 tenemos el período del 17/07/17 al 17/08/17 en ambas temporalidades, sin embargo, vemos cómo en todo ese mes el *timeframe* de H4 fue mucho más útil como tendencia secundaria, ya que muestra cuatro puntos estructurales válidos por tener un ruido más fuerte, mientras que el diario no muestra ninguno. Sin embargo, si todo ese movimiento del diario es un impulso que se ve cómodo respecto a fluctuaciones anteriores, puede ser abarcado con zonas de continuación y de igual manera sacarías provecho. Pero, en términos generales, si el diario comienza a moverse de esa manera y perder estructura, un H4 te mantendría más ubicado en cuanto a impulsos y retrocesos de la tendencia y así la dirección será más fácil de correlacionar con la tendencia terciaria.

"A veces solo necesitas leer el libro correcto."

A.M.

Actividad 6: ¿Cuál de las siguientes temporalidades escogerías como una tendencia secundaria (*timeframe* principal)?:

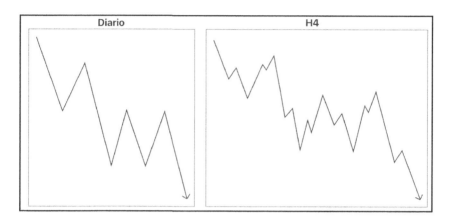

Figura K.5

Respuesta en la página de soluciones al final del libro.

Entre sus anotaciones, Dow hizo una referencia gráfica para las tendencias, donde decía que las tendencias primarias son como el océano, las secundarias como las olas, y las terciaras como las ondas (el agua que queda sobre la arena después de romper la ola y que dura unos pocos segundos). De hecho, es de esta representación de donde se originan las populares ondas de Elliott, que fueron planteadas por Ralph Nelson Elliott, quien basó sus estudios en la teoría de Dow. Particularmente no uso las ondas de Elliott porque es una teoría que nace en el mercado accionario y yo me dedico al de divisas, en el cual no he apreciado patrones que respeten esta teoría de alguna manera continua. Lo que aplico es ver la representación gráfica de Dow para la tendencia secundaria, como si fuese un surfista que busca una ola, me ubico en la temporalidad donde estas se vean nítidas para buscar posicionarte al inicio de la ola en el timeframe de entrada para tomar un buen movimiento.

Actividad 7: Ahora en un gráfico de velas identifica el *timeframe* que pueda ser más útil para ser usado como principal (tendencia secundaria).

Diario   H4

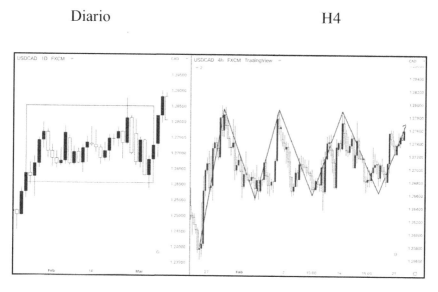

Figura K.6

Respuesta en la página de soluciones al final del libro.

Cuando te cueste definir una tendencia secundaria recuerda la referencia gráfica (una ola). Si eres un surfista no te basta una marea alta, quieres olas perfectas. Es imposible que una ola sea igual a otra, pero con un poco de experiencia aprenderás a reconocerlas y montarlas. También reconocerás cuando es momento de moverse a otra área de la playa donde haya mejores olas, esto es representativo a cambiarte de temporalidad cuando el mercado cambia de ciclo y comienzas a ver consolidaciones o una tendencia tan marcada que deja de formarte puntos estructurales válidos, son esos momentos donde replanteas tu *timeframe* principal, haces una nueva correlación y todo comienza a tomar forma.

Funciones del "porqué"

El "porqué" valida la posición según la tendencia, que a su vez es definida por la estructura de mercado, pero también puede validar la proyección, ya sea swing, *intraday* o *scalping*. Puedes justificar una posición de muchas maneras, pero por ahora quiero que olvides todas las demás y que imagines que la única justificación que le puedas dar a un *trade* que decidiste tomar se llama "estructura".

Comencemos con una correlación básica donde tengamos como justificación la estructura:

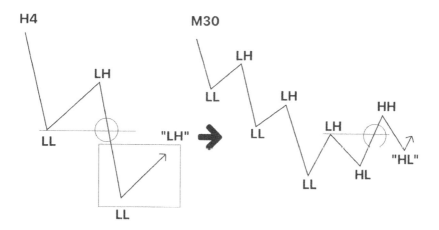

Figura K.7

En la figura K.7 tenemos una tendencia secundaria bajista representada por H4 y una tendencia terciaria alcista representada por M30. En los puntos grises puedo ver la última confirmación que indica la tendencia, en H4 rompiendo el último LL para ir a marcar uno nuevo, y es en esa última corrección donde entra el "porqué", ya que puede justificar la búsqueda de un nuevo "LH" **porque** estás bajista, el LH está entre comillas porque hasta ahora es solo la posibilidad, pero es tu posibilidad justificada. Por otro lado, en M30 solo se está representando lo que está dentro del recuadro, al comenzar la corrección en H4 lo natural es que M30 cambie su estructura alcista como lo hace en la figura K.7 marcando un primer HH. Solo a partir de ese punto es válido buscar comprar **porque** estás en una tendencia alcista, estás justo en el posible HL, en el cual puedes posicionarte en largo para tomar ese siguiente impulso. Claramente sería a favor de esa tendencia terciaria, pero en contra de la secundaria donde solo estás haciendo una corrección, por ese motivo el "porqué" también justifica la proyección. Por ejemplo, en ese último HL sería válida la posición en largo pero para un *trade* a corto plazo ya que es una corrección del *timeframe* mayor que ya se puede estar completando.

Hagamos ahora una continuación de mercado para justificar la siguiente posición:

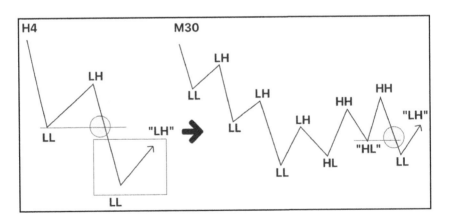

Figura K.8

En la figura K.8 la temporalidad de M30 muestra ahora sí una correlación para formar el impulso de H4, y este es uno de los aspectos importantes de la correlación, el dejar que el *timeframe* menor se correlacione a la dirección

184

que apunta el mayor. Al hacer ese último LL en M30 se justifica el "porqué" de una posición en corto buscando entrar en ese posible LH **porque** ahora sí hay una tendencia bajista, y no solo eso, sino que también se justificaría una posición en corto a mediano plazo **porque** estaríamos buscando el impulso de la tendencia secundaria, haciendo referencia sería como tomar la ola completa.

En este sentido el "porqué" como justificante para la posición y la proyección aporta un alto porcentaje en la probabilidad de que el *trade* sea ganador, ya que estaríamos nadando a favor de la corriente, entendiendo además cual puede ser la duración de esa corriente que es independiente en cada marco temporal.

"No hay mejor poligrafo para las finanzas

que el análisis técnico."

A.M.

Actividad 8: Tendiendo el siguiente escenario, donde el mercado parece haber completado una corrección en la tendencia secundaria y está formando un posible "HL", completa con un bolígrafo dibujando el movimiento que deberías tener en la tendencia terciaria para justificar una posición en largo en base al "porque":

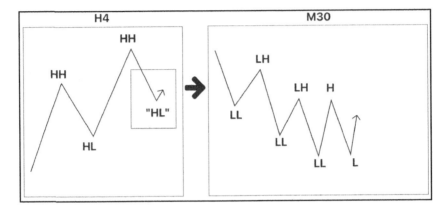

Figura K.9

Respuesta en la página de soluciones al final del libro.

Proporciones

Los humanos son seres proporcionales, buscan proporciones en todo lo que hacen o crean, consciente o inconscientemente. Hace más de tres mil años, los egipcios dividieron el día en 24 horas a través de un reloj solar que medía el tiempo mediante la longitud de las sombras. Luego nace el sistema sexagesimal en la antigua Mesopotamia, que emplea como base el número 60, del cual se originan los minutos y los segundos. Años más tarde el científico e ingeniero canadiense, miembro de la masonería, Sandford Fleming ideó los husos horarios y unió el tiempo del planeta en el siglo XIX. Gracias a esto hoy en día tenemos medidas de tiempo proporcionales en las que podemos medirlo

¿Te imaginas que midiésemos el tiempo solamente en días y meses, o quizá solo en días y segundos? Pues no habría una buena proporción al pasar de una medida a otra ya que la distancia sería demasiado grande y harían falta ciertas unidades que faciliten nuestras mediciones del tiempo, pero también demasiadas serían innecesarias y solo traerían confusión. El mismo ejemplo sucede con la creación de los billetes, donde se busca un fraccionamiento proporcional como billetes de $100, $50, $20 y $5 por ejemplo. Esto es exactamente el mismo principio que quiero que entiendas en la correlación de temporalidades, en lo importante de hacer un fraccionamiento correcto para no crear demasiada distancia, pero tampoco muy poca, por lo que la correlación tiene un principio proporcional. Pero si recuerdas la definición también dice que debe ser lineal, es decir debo ir de mayor a menor o de menor a mayor sin saltar variables, que en este caso son las temporalidades.

Si no respetas el principio de hacer una correlación lineal por más que las variables que hayan escogido sean correctas pierdes la proporción y, por ende, la lectura.

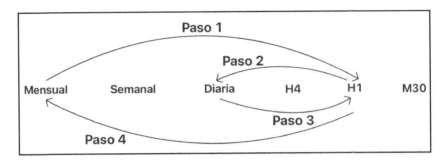

Figura L.1

En la figura L.1 podemos ver tres temporalidades proporcionales en las cuales se está dando una lectura, sin embargo, viendo el recorrido que se está haciendo al pasar de una temporalidad a otra estaría perdiendo el sentido de la correlación, ya que no es lineal. Esto es más común de lo que te imaginas en los analistas técnicos, sobre todo cuando están comenzando y toman oportunidades rebuscadas intentando ver las señales en distintas temporalidades. Pasan de una a otra sin ningún tipo de control. Si tomamos de nuevo el tiempo como referencia sería entender que los segundos hacen las horas, las horas los días, los días las semanas y las semanas los meses, no hay necesidad de complicarse con medidas que den salto a nuestras unidades de tiempo, sería como decir que faltan 21.6000 segundos para que acabe el día en vez de decir 6 horas, eso facilita más el cálculo temporal.

Por más válidas que sean las variables que hayas escogido, en donde hay un ruido que forma una estructura clara en cada una de las temporalidades recuerda que solo mantienes una proporción con la anterior y con la siguiente.

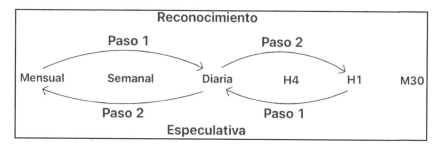

Figura L.2

En la figura L.2 se puede apreciar una correlación lineal y proporcional, en ambos tipos de lectura, lo que yo llamo una lectura de reconocimiento que debe ser la primera, la cual debe ir del *timeframe* mayor al menor. Esto hace la función de una vista satélite y permite ubicarte muy bien en el gráfico. Si apareces de la nada en una calle de un país que no conoces no tendrás ni idea de donde estás, pero si primero te digo que estás en el continente europeo, luego en el país España, en la ciudad Barcelona y por último en la calle Provenza, ahora sí tendrás una idea mucho más clara de dónde te encuentras y hacia qué dirección debes conducir si quieres llegar a Francia, por ejemplo. Una vez que se hace la lectura de reconocimiento, la especulativa tomará sentido, y es la que usamos para hacer proyecciones. Continuando con el ejemplo de la ubicación, ya sabes que, si conduces al este llegarás a Francia **porque** queda en esa dirección, si conduces en el sentido contrario no tienes **por qué** llegar a Francia. Esto es lo que representa la estructura en la lectura especulativa, en la lectura de la figura K.8 se puede reconocer a través de una lectura de reconocimiento que la tendencia terciaria puede tener un buen recorrido bajista a partir del último "LH", pero es a través de la lectura especulativa de donde surge la proyección **porque** entiendes que una estructura bajista en M30 comienza a formar un recorrido bajista en H4.

Mediante una lectura correlacionas para hacer un reconocimiento del mercado y mediante la otra especulas con los movimientos del *timeframe* menor que irán formando al mayor, pero en un orden lineal y proporcional.

"Uno de los aspectos más importantes del psicotrading es recompensarte por el esfuerzo y el estrés que amerita tradear y seguir los mercados, no importa si cerraste positivo o negativo este mes, ya lo estás intentando y eso te pone a un paso de ganar."

A.M.

Actividad 9: Con un bolígrafo señala una correlación proporcional y lineal como en la figura L.2, señalando también cual sería la lectura de reconocimiento y la especulativa.

Figura L.3

Respuesta en la página de soluciones al final del libro.

La primera lectura siempre será de reconocimiento y lo recomendable es que sea por todas las temporalidades, de esa manera podrás ver todas las formaciones y comparar cuáles muestran mejores formaciones para interpretar la estructura, sobre todo en la tendencia secundaria que es clave para una buena formación donde se puedan interpretar impulsos y retrocesos claros. Luego de escoger las variables ahora sí vendrá una nueva lectura de reconocimiento donde ya limpiaste las estructuras muertas y podrás hacer también una lectura especulativa para comenzar a dar proyecciones.

El mercado está lleno de proporciones, señalé unas muy claras en la figura G.7 donde se aprecian las proporciones que crea el mercado a través de la oferta y la demanda, también en la figura J.5 donde muestro por primera vez el objetivo de la correlación al conseguir una estructura que se deriva de un impulso en un *timeframe* mayor gracias a la proporcionalidad, y ahora me gustaría mostrarte otras proporciones importantes que se pueden encontrar en el gráfico.

Una de las herramientas más usadas por los analistas técnicos es el Fibonacci, herramienta que mide los retrocesos del mercado con el fin de confirmar puntos estructurales y establecer niveles de *take profit* o donde podría proyectarse el alcance de un siguiente impulso. Fibonacci funciona con base en proporciones, pero lo más interesante de todo es que no es una de esas herramientas que funcionan por acción de las masas, como la media móvil de 200 periodos en la bolsa, donde todos los participantes están dándole seguimiento y reaccionan en masa al entrar en contacto con la media móvil, haciendo que se comporte como soporte o resistencia. Fibonacci funciona de una manera inconsciente y lo justifica su origen, los niveles de esta herramienta se derivan de la sucesión del matemático Leonardo de Pisa, apodado Fibonacci, de allí el nombre atribuido a su reconocida sucesión infinita de números naturales, la cual comienza a partir del 0 y el 1, y se van sumando a pares de manera que cada número es igual a la sumatoria de sus dos anteriores: 0, 1, 2, 3, 5, 8, 13, 21, 34, 55, 89, 144…. Y así continua hasta el infinito, esta sucesión fue descrita por Leonardo de Pisa en el siglo XII y sin saberlo ya tenía conexión con la matemática India, donde también se había planteado. No fue hasta muchos años posteriores que llegó a ser conocida en el occidente y en la actualidad esta increíble sucesión tiene aplicación en la informática moderna y se manifiesta en la naturaleza de miles de formas, como en el crecimiento en espiral de los caracoles, el número de hojas que tiene una planta, el número de celdillas de un panal de abejas etc.; además tiene una relación directa con el número Phi y la proporción áurea, esto se puede ver representado en los círculos esotéricos.

Cuando se trata de proporción Phi (el número áureo) es el santo grial, de hecho, se le conoce como el número dorado, está representado por 1.6180. Si, a medida que avanza la sucesión de Fibonacci, divides cualquier número por el anterior, tendrás como derivado el número 1.61, de allí la relación:

$34 \div 21 = 1.61$

$55 \div 34 = 1.61$

$144 \div 89 = 1.61$

De allí se deriva el nivel 61.80% que los analistas técnicos establecen en su Fibonacci, y en este punto quiero aclararte una máxima que une esta teoría proporcional de Fibonacci con la teoría de Dow en cuanto a los retrocesos del mercado, y que a su vez tiene relación con la ley oferta y demanda planteada por Alfred Marshall.

Actividad 10: Antes de continuar leyendo veamos si tú eres del 90% de las personas que responde a las proporciones inconscientemente, solo te voy a pedir que dibujes una estructura alcista en el recuadro que verás en la parte inferior, intenta que contenga por lo menos tres impulsos y utiliza todo el recuadro para que tu dibujo no quede muy pequeño.

Figura L.4

Posible respuesta en la página de soluciones al final del libro.

Con este dibujo lo que busco es comprobar que Fibonacci no es una herramienta que responde necesariamente a la actuación de las masas, porque las probabilidades de que todos respondan al mismo nivel serían muy bajas, ya que todos usan en promedio de 5 a 7 niveles en su Fibonacci, por lo que predecir un nivel sin un sentido técnico solo te da alrededor de un 14% de probabilidad de acertarlo.

Fibonacci responde más bien a las proporciones inconscientes de los seres humanos que son los que, al final del día, participan en el mercado de manera manual o a través de los algoritmos creados. Recuerda que la sucesión también se representa en la informática. Si eres del 90% de la población que responde a las proporciones inconscientes (sobre todo si tienes algo de ojo para el dibujo y la fotografía) muy seguramente llevaste las correcciones de la estructura que dibujaste entre un 61.80% y 50%. Puedes revisar cómo se ven unas correcciones a estos niveles en la página de soluciones al final del libro en la figura L.4.

La razón por la que las personas llevan las correcciones a estos niveles es por un motivo proporcional que nos mueve inconscientemente, ya que somos seres proporcionales. Personas brillantes como Leonardo Da Vinci ya aplicaban esto en el siglo XV, como en el hombre de Vitruvio, y en su famosa obra "la Mona Lisa". Lo que hace que una obra, fotografía, diseño, entre otras creaciones, sea agradable a la vista son las proporciones.

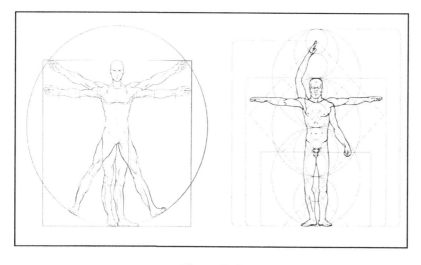

Figura L.5

Por esa razón las correcciones entre 50% y 61.80% son las más proporcionales y son a las que responde mejor la tendencia, la proporción áurea se representa con la siguiente imagen:

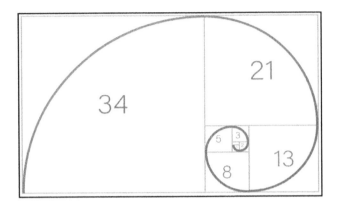

Figura L.6

Te dejaré como tarea documentarte en libros o internet sobre la proporción áurea y verás en todas las áreas donde es aplicada, por ahora me gustaría mostrarte, como se puede apreciar en una tendencia que cumple estas proporciones.

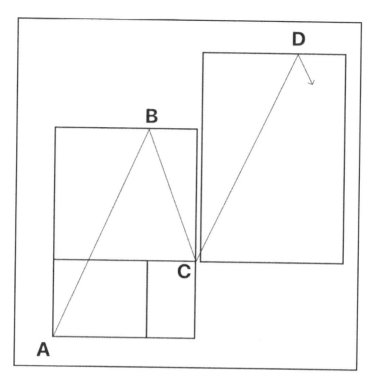

Figura L.7

En la figura L.7 hay un primer impulso de un punto "A" a un punto "B", ese recorrido hace una distancia y para que la corrección forme una proporción áurea esta debe corregir un 61.80% de la distancia recorrida previamente, al corregir hasta el punto "C" se completa esa proporción, y de allí nace un nuevo impulso desde ese punto "C" al punto "D". Aquí se continúa cumpliendo la proporción cuando el nuevo impulso hace el mismo recorrido que el anterior. El rectángulo está duplicado, por lo que tienen las mismas medidas, pero acá sucede algo que te hará entender por qué Fibonacci valida los puntos estructurales.

Las reacciones en una proporción áurea no solo se cumplen cuando el retroceso llega a 61.80% sino que también cuando llega a 38.20%, el cual es el primer nivel de Fibonacci que valida los puntos estructurales y esta es la razón:

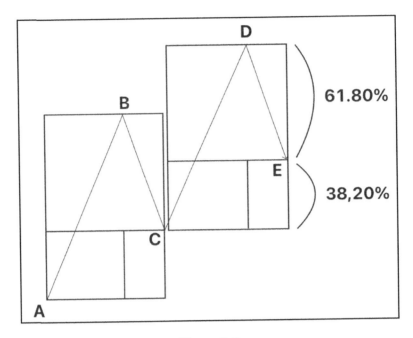

Figura L.8

En la figura L.8 se estaría completando otra corrección hasta 61.80% lo que implica un nuevo nivel donde se cumple la proporción áurea, pero lo importante es que la parte restante equivale a 38.20% ya que $100 - 61.80 = 38.20$.

Algo curioso es que el 38.20% también se deriva de la sucesión de Fibonacci, si vas a la sucesión y divides un número por dos posteriores tendrás como resultado 0.382.

Sucesión: 0, 1, 2, 3, 5, 8, 13, 21, 34, 55, 89, 144, 233….

$13 \div 34 = 0.382$ $34 \div 89 = 0.382$

$89 \div 233 = 0.382$

Esto demuestra que, si la corrección llega hasta un 38.20% y reacciona, igual estaría representado una proporción áurea y de allí se haría la siguiente proyección con la misma proporción que viene formando en los impulsos anteriores:

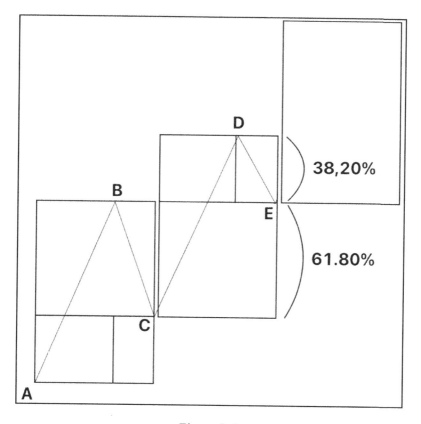

Figura L.9

En base a la proporción áurea, esta es la razón por la que Fibonacci valida nuestros puntos estructurales a partir de un 38.20%, así como también nos demuestra por qué un soporte puede volverse resistencia o una resistencia soporte cuando los puntos estructurales están formados en los niveles que reflejan una proporción áurea.

Si en la figura L.4 llevaste los retrocesos a un 38.20%, pero el impulso es proporcional al anterior, también estarías cumpliendo con las proporciones áureas de manera inconsciente (si aún no sabías esta información), sin embargo, es mucho más común ver cómo las personas llevan sus retrocesos al 61.80% al dibujarlos.

Aunque muchas de las teorías que hemos visto tienen sus propios fundamentos y origen, como la ley de oferta y demanda por Marshall, la teoría de Dow y la secuencia de Fibonacci, todas tienen una profunda correlación. A estas alturas quizá ya puedas comenzar a ver una correlación entre las figuras A.4, G.7 y L.9, y si aún te cuesta correlacionarlas seguro que podrás hacerlo con la lectura que resta de este libro.

Una de las premisas de la teoría de Dow era que los mercados retroceden la mitad de sus impulsos, es decir, si medimos el retroceso de todo un impulso de 0% a 100% como lo hacemos con Fibonacci, la mitad sería 50%, ese es un número que no se deriva de la sucesión de Fibonacci, sino que representa el punto de equilibrio como lo plantearía la ley de oferta y demanda. Esto quiere decir que, al colocar un Fibonacci en un impulso del mercado para medir un retroceso y hacer una proyección, estamos utilizando una herramienta que muestra un punto de encuentro entre la teoría de estos tres grandes personajes.

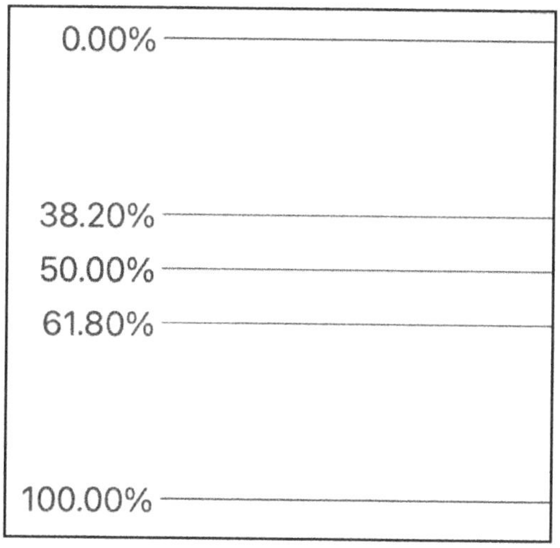

Figura M.1

0.00%: Nivel de oferta no vendida o demanda insatisfecha (dependiendo de si es un Fibonacci alcista o bajista).

38.20%: Primer nivel de una proporción áurea.

50%: Punto de equilibrio, además es el punto medio entre 38.20% y 61.80% ya que:

$61.80 - 50 = 11.8$

$50 - 38.20 = 11.8$

61.80%: Segundo nivel de una proporción áurea.

100%: Nivel de oferta no vendida o demanda insatisfecha (dependiendo de si es un Fibonacci alcista o bajista.

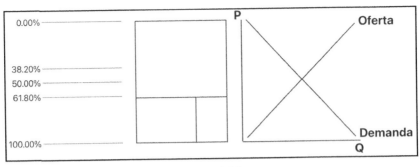

Figura M.2

En la figura M.2 puedes ver la correlación de las teorías sobre las que trabajo en este libro y cómo hacen del mercado un ruido que es más proporcional de lo que imaginas. Al comenzar a ver los gráficos es muy difícil ver todos estos detalles y patrones, pero son las horas que aplicas al estudio diario lo que entrena al ojo para que sea capaz de captar cada vez más rápido todas las proporciones y niveles claves que te ayudarán a dar proyecciones cada vez más exactas.

Me gustaría que veas la exactitud con la que el mercado puede respetar las proporciones bajo esta teoría, y las instituciones las dominan muy bien, de hecho, te las mostraré al rango de los niveles institucionales.

Figura M.3

Fuente: Tradingview – USD/JPY
Temporalidad: Mensual

En la figura M.3 tenemos las fluctuaciones del USD/JPY desde 1994 hasta 2022, señalando los niveles institucionales, desde los cuales se crean tendencias primarias repetitivamente, 124.000 como un nivel de oferta no vendida y 102.000 como un nivel de demanda insatisfecha, en el medio de estos dos niveles tenemos un punto de equilibrio alrededor de 113.000.

Para ver cómo el mercado crea un siguiente nivel de oferta no vendida y de demanda insatisfecha de manera proporcional solo debemos desplazar el área fundamental de 2444 *pips* hacia la parte superior e inferior.

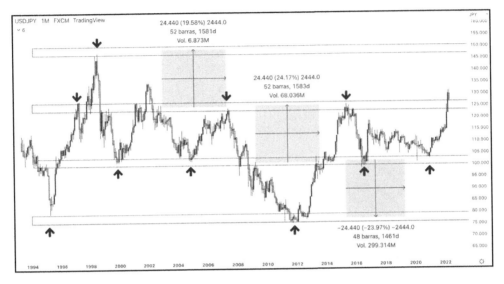

Figura M.4

En la figura M.4 se puede apreciar una proporción perfecta entre los niveles de oferta y demanda del *timeframe* mensual y sus respectivos puntos de equilibrio, que además se pueden considerar niveles institucionales. Estas proporciones son las más sencillas de ver en el mercado de divisas, sobre todo en temporalidades altas. Puedes practicarlo en los pares de divisas principales, los que tienen mayor liquidez, y verás este comportamiento del cual ya tienes una idea muy clara de los fundamentos por el que ocurre y las teorías que lo sustentan.

Recomendaciones básicas para la estructura:

Ya quedó claro que el mercado no hace un ruido aleatorio, sino que más bien forma una estructura proporcional y armónica respetando principios de más de cien años y de distintas teorías. Entender la estructura del mercado es fundamental para convertirte en un analista técnico exitoso, y solo a través de la práctica lograrás hacerlo. Te compartiré unas recomendaciones que te ayudarán a comprender mejor la estructura del mercado que te dará un "porqué" justificado.

1) Usa la herramienta de ruta. Para el cerebro, definir la estructura de una manera visual a través del ruido que forma el mercado es complejo, si trazas sobre el ruido líneas con las que puedas representar un movimiento completo te permitirá comprenderla de una manera más sencilla visualmente. Además, te ayuda a ver patrones e identificar si el mercado está en un rango o continuación de la tendencia de una manera mucho más simple.

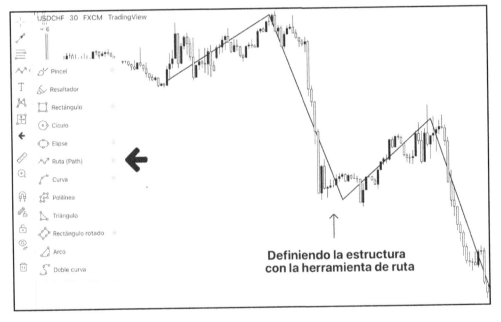

Figura M.5
Fuente: Tradingview

206

2) Colocar el gráfico con una buena proporción. Uno de los temas más importantes del libro es la proporción, pero es que al trabajar con una imagen gráfica la proporción lo es todo, colocar el gráfico con una buena proporción en esencial para poder darle una lectura correcta a todo el mercado, sea zonas, estructura o acción del precio.

Figura M.6
Fuente: Tradingview

La figura M.6 muestra una mala proporción, ver el gráfico de esa manera no te permite darle una lectura correcta al mercado, dificultará sobre todo entender la estructura y las áreas de oferta y demanda más importantes. Veamos cómo se coloca este mismo tramo del grafico de manera proporcional.

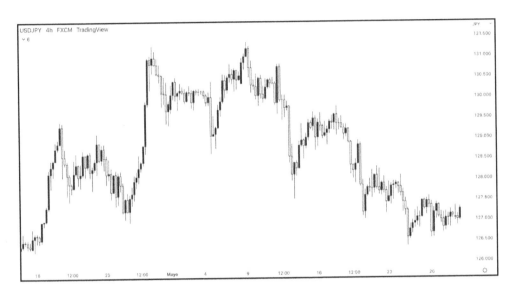

Figura M.7
Fuente: Tradingview

En la figura M.7 hay una proporción mucho más adecuada, fíjate como es mucho más fácil ahora reconocer la estructura del mercado. En muchos casos he visto cómo las personas entienden muy bien la teoría y el uso de las herramientas, pero por una mala proporción del gráfico no logran aplicarla.

3) Coloca Fibonacci solo en impulsos claros, esta es una herramienta que tiene como función principal medir retrocesos, y para que exista un retroceso tiene que haber previamente un impulso, no coloques Fibonacci en consolidaciones o rangos.

4) Usa la correlación que mejor se adapte al momento actual, el mercado tiene ciclos y cambia. El porcentaje de volatilidad puede variar durante un período, así que no te quedes encajonado usando siempre las mismas temporalidades cuando ya la estructura no se ve clara, sobre todo en el *timeframe* principal.

5) Encuentra el punto medio para leer la estructura, no leas demasiado el ruido y tampoco pases ruido importante por alto. A medida que avanzas, el uso del Fibonacci ya no se hace indispensable porque aprenderás a leer los puntos estructurales sin herramientas extras, pero para llegar a ese nivel ya debes tener un ojo entrenado. Mientras tengas confusión apóyate con herramienta como la de ruta y Fibonacci constantemente.

6) Ten una pizarra en el lugar donde analizas y dibuja el momento actual de tus 3 tendencias, esto puede ayudarte de una manera exponencial a entender la dirección del mercado y cuando tu entrada ya tiene un "porqué" justificado. Si no tienes pizarra hazlo en una libreta, yo aún acostumbro llevar este tipo de notas cuando estoy operando, ahorita que estoy de viaje te compartiré una de mis anotaciones de las 3 tendencias que estoy siguiendo en USD/CAD

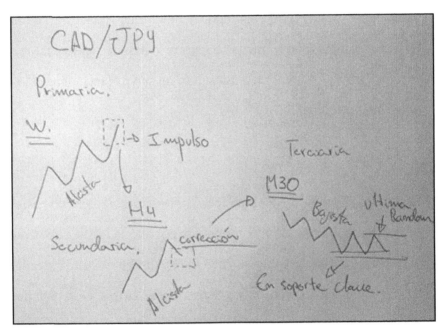

Figura M.8

Actividad 11: Con un bolígrafo marca como leerías la estructura del siguiente gráfico, puedes hacerlo sobre las velas como si tratase de la herramienta de ruta.

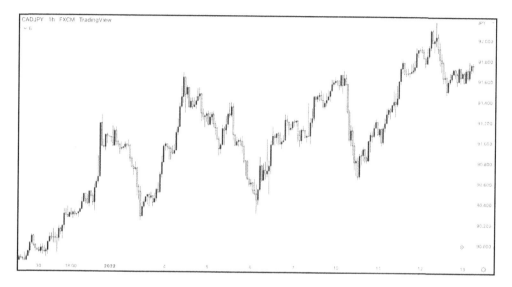

Figura M.9

Respuesta en la página de soluciones al final del libro.

CAPITULO III: ¿CUÁNDO?

Significado del "cuando"

La palabra cuándo está directamente relacionada al tiempo. Saber cuándo es saber el momento preciso, ni antes ni después. Cuando te posicionas muy temprano, antes de que haya una confirmación válida, estás entregando las posibilidades al azar, y cuando tardas más de lo necesario en posicionarte, el mercado simplemente se va y con él la oportunidad de tomar el movimiento. Entrar temprano o tarde al mercado son consecuencia de lo mismo, no entender **cuándo** tienes una confirmación técnica válida para apretar el gatillo.

Recuerda ese momento cuando viste un gráfico por primera vez, parecía un caos, no entendías absolutamente nada, te tocó aprender un nuevo idioma llamado análisis técnico, que además se escribe en velas japonesas. Al comienzo, todo genera más curiosidad, te preguntas el porqué de las cosas y, a través de la práctica, comienzas a tener una lectura más fluida. Luego comienzas a plasmar tus primeras proyecciones y te causa emoción cuando el precio comienza a seguirlas. Pero con el tiempo comienzas a dar las cosas por hecho, pierdes el enfoque en los detalles porque asumes cosas, pero en el gráfico todo tiene un porqué.

En el proceso de saber cuándo es el mejor momento para tomar tu posición debes fijarte en los detalles. Cuando esos detalles ya se transforman en un elemento evidente ya es tarde porque allí entra mucho más volumen y el movimiento se va, y digo detalles porque el "cuándo" es revelado por algo tan minucioso como la acción del precio.

En el mercado Forex la exactitud es una gran cualidad y para conseguirla debes prestar atención a los detalles. Al operar con apalancamiento buscamos sacar provecho de pequeñas fluctuaciones en las divisas. Para poder tomar esos movimientos es necesario establecer un *timeframe* de entrada en una temporalidad menor, lo que definimos como la tendencia terciaria, y sabemos que esos *timeframes* se caracterizan por moverse con bastante ruido. Si entras minutos antes o minutos después del momento ideal lo más probables es que se vaya a tu *Stop Loss* o pierdas mucho radio en el riesgo/beneficio, por lo que la lectura en la acción del precio debe ser minuciosa para asimilar cuándo el mercado está dando una señal válida.

En la vida cotidiana se usan muchas herramientas para saber cuándo es el momento de tomar una acción, como una alarma para saber cuándo es hora de levantarse, planificar la semana para saber cuándo tienes que hacer cada actividad, usar un termómetro para saber cuándo es momento de usar un medicamento entre otros ejemplos. Como *traders*, nuestra herramienta para saber **cuándo** tomar una posición se llama acción del precio.

Que las probabilidades siempre estén de mi lado (acción del precio)

Saber cuándo es el momento ideal para abrir posiciones en el mercado, en mi opinión, debe definirse por el fragmento temporal en que haya una mayor probabilidad de que el movimiento comience a ir a favor de mis posiciones, y para que esto ocurra debo fluir con la actuación de los trades. Con esto quiero decir que, cuando dejo que el precio haga una formación, estoy esperando para reconocer el movimiento de las instituciones, estas son las que tienen que formar la acción del precio que te dirá **cuándo** es momento de unirte a ellas.

Un "Cuando" fundamentado en la estadística.

Ya fundamenté un "dónde", un "porqué" y ahora el turno del "cuándo". Descubrir que, al entender el momento ideal para tomar tu posición en el mercado, hará que, de nuevo, las probabilidades estén a tu favor, solo necesitas prestar atención a lo que esconde la acción del precio.

Velas Japonesas

Existen muchos tipos de gráficos, de línea, área, *heikin Ashi*, barras, entre otros, pero uno de los más usados es el gráfico de velas japonesas, un estilo que fue conocido no hace muchos años en el mundo occidental a pesar de que los japoneses lo habían estado usando desde el sigo XVII para anticipar el precio del arroz en el mercado y poder establecer contratos a futuro. La construcción de la vela japonesa es ideal porque mide cuatro aspectos importantes de un horizonte temporal (apertura, cierre, máximo y mínimo).

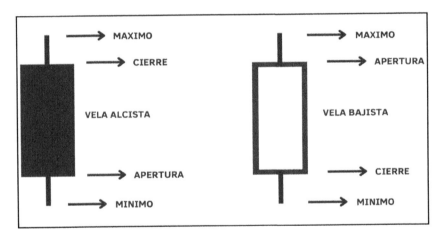

Figura N.1

A diferencia de un gráfico de línea o área, con las velas japonesas se puede apreciar el precio de apertura, cierre, máximo y mínimo de un mes, día, hora o el horizonte temporal que desees. Graficar con velas japonesas de una manera manual puede ser muy tedioso, pero hoy en día con la tecnología podemos hacerlo con un solo clic.

Actualmente existen muchos manuales de velas donde puedes ver formaciones predeterminadas con una descripción de la dirección que puede tomar el precio según esa formación, sin embargo, esto es muy relativo. Sería como aprender a leer un idioma comprendiendo las palabras como imágenes, el día que no reconozcas una imagen no podrás leer la palabra. Mientras que, si aprendes a leer de una manera gramatical, podrás leer hasta nuevas palabras e interpretarlas. Veamos un ejemplo de los 4 aspectos de las velas japonesas, suponiendo que el precio del kilo de arroz arroja la siguiente vela mensual:

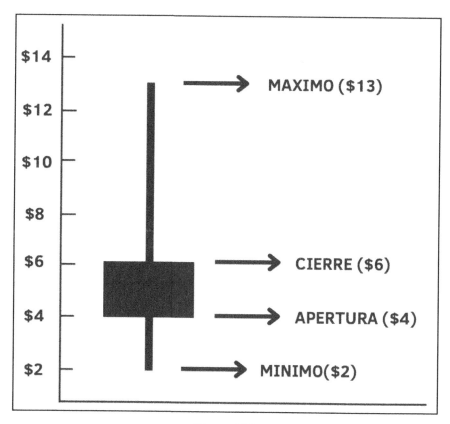

Figura N.2

En la figura N.2 tenemos la información de los 4 aspectos que arroja una vela japonesa, indicando que el kilo de arroz comenzó el mes cotizando a $4, durante el transcurso del mes hubo un precio mínimo de $2 y un máximo de $13, pero el último día del mes cerró a $6. El precio de cierre del mes es más alto que el de apertura, por ende, la vela sería alcista. En caso de utilizar un gráfico de línea solo tendríamos un vector colocado por el mes correspondiente y el precio de cierre como en la figura I.5.

Las velas japonesas son como las *Matrioshkas*, esas muñecas rusas que se meten una dentro de otra. Para descubrir qué hay dentro de la figura más grande debes abrirla, pero si ya logras ver hasta la figura más pequeñas sabes cómo se compone hasta la más grande, es decir, si divides una vela mensual en diarias hay miles de millones de maneras en cómo pueden estar formadas, pero si tomas cualquier formación de 21 velas que compongan un mes, solo hay una manera en esa vela puede verse.

Te lo mostraré de una manera gráfica para que puedas ver lo útil que será la habilidad de entender la acción del precio en temporalidades mayores cuando vez las velas en temporalidades menores.

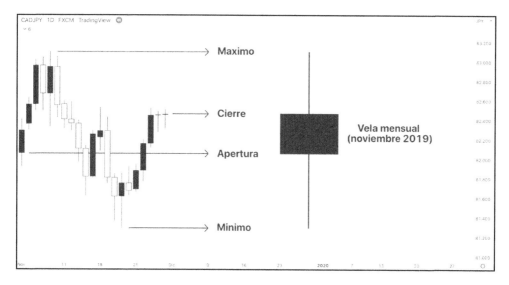

Figura N.3

Fuente: Tradingview – CAD/JPY
Temporalidad: Diaria

En la figura N.3 está la formación de 21 velas que conforman el mes de noviembre de 2019, al buscar los cuatro aspectos (apertura, cierre, máximo y mínimo) que alcanzaron durante el período del mes puedo saber exactamente cómo se formó la vela. Te recomiendo practicar esto en tu gráfico formando velas de temporalidades mayores con la información de tus temporalidades menores, esto te ayudará a interpretar cada vez más rápido la acción del precio.

Comprobemos esta formación buscando la vela mensual formada durante el mes de noviembre de 2019 para ver si coincide con la dibujada a través de los cuatro aspectos que he ubicado en la temporalidad diaria.

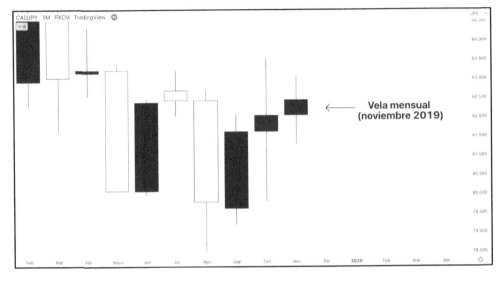

Figura N.4

Fuente: Tradingview – CAD/JPY
Temporalidad: Mensual

En la figura N.4 se comprueba que la formación planteada para la vela mensual, basados en los cuatro aspectos que conseguimos en el diario, es correcta. Esto puede parecer algo simple y quizá aún no le ves la utilidad, pero verás en los siguientes ejemplos de este capítulo lo importante de desarrollar la habilidad de entender las fluctuaciones del precio de una temporalidad mientras ves otra.

Actividad 12: Con la siguiente formación de 8 velas en M30 dibuja a la derecha como se vería la vela de H4 compuesta por esa fluctuación, señalando (apertura, cierre, máximo y mínimo) para hacerla con mayor exactitud puedes utilizar una escuadra:

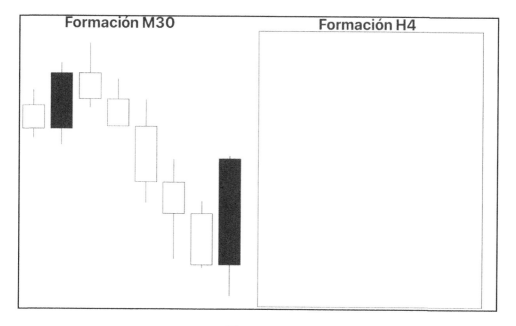

Figura N.5

Formaciones de velas japonesas

Las formaciones de velas que pueden existir son infinitas, intentar memorizar formaciones o patrones no es realmente necesario cuando eres capaz de leer la acción del precio como un elemento con significado propio. La estructura es, a la acción del precio, lo que las ondas son a la música. Podría decirse que la estructura es el ruido de la acción del precio, por lo que hay una correlación directa. De hecho, cuando planteaba la proporcionalidad en el tema de estructura se trataba de dividir la vela en la cantidad suficiente para que genere un ruido.

En este capítulo comprenderás esta correlación directa entre la estructura y la acción del precio de una manera mucho más profunda, y cómo, a través de la práctica, puedes volverte un maestro de la acción del precio a tal punto que ya no será necesario ver la estructura en una temporalidad menor.

Entre muchas formaciones posibles podemos reducir a solo dos tipos: desaceleración y set up o envolventes; ya que la desaceleración muestra una perdida en la fuerza del movimiento y el set up o envolventes lo contrario, es decir un aumento en la fuerza del movimiento.

Hay dos maneras de ganar una carrera, siendo más rápido que tu competidor o tendiendo más resistencia. En la carrera de los compradores y los vendedores, puedes interpretarlo con esa analogía. Te interesa posicionarte cuando sabes que uno de estos puede ganar la carrera, cuando ves una desaceleración significa que está perdiendo resistencia, por lo que ahora el otro grupo puede comenzar a dominar la carrera, y cuando vez un set up o envolventes, es la confirmación de que ese equipo ya es más rápido y puede tener el dominio. Evidentemente en el mercado no se trata de rapidez, solo es una analogía para que comprendas lo que representa una desaceleración y una o varias envolventes.

Desaceleración

Las formaciones de desaceleración en el precio pueden ser tan interesantes como la aceleración (envolventes), una desaceleración alcista no muestra un dominio de vendedores, pero sí un debilitamiento en el movimiento alcista y viceversa para una desaceleración bajista, donde no necesariamente tengo un dominio de compradores, pero sí hay un debilitamiento en los vendedores.

Veamos cómo se ve una desaceleración bajista:

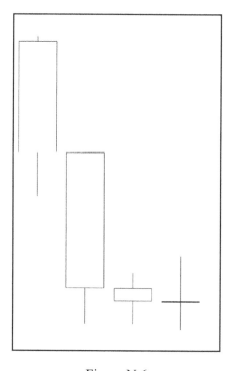

Figura N.6

En la figura N.6 se puede apreciar una desaceleración bajista, son cuatro velas donde en las últimas tres hay una disminución en los cuerpos. A pesar de que ninguna es alcista para considerar un dominio de compradores, hay un notable debilitamiento de los vendedores por alguna razón. Esto representaría a un vendedor perdiendo resistencia en la carrera por lo que, sin necesidad de que el comprador comience a correr más rápido, irá acercándose cada vez más.

Pero no solo los cuerpos son importantes, allí solo damos lectura a dos aspectos, apertura y cierre, pero los máximos y los mínimos son de gran importancia ya que pueden mostrarme posibles rompimientos de soportes o resistencias en temporalidades menores.

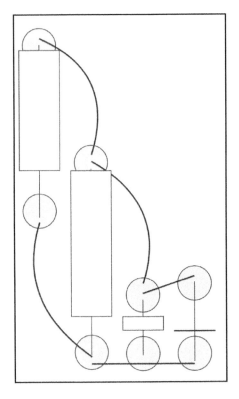

Figura N.7

Si le prestas atención a los máximos y mínimos, en muchas ocasiones pueden darte una visión más clara que los cuerpos. No quiero decir que una cosa sea más importante que otra, porque son un conjunto los cuatro aspectos, pero en los máximos y mínimos se reflejan la mayoría de los puntos estructurales de una temporalidad menor.

En la figura N.7 son clave los últimos cinco puntos grises, los tres inferiores muestran que el precio no puede marcar un nuevo mínimo, y en los dos superiores el precio marca un nuevo máximo respecto al anterior, estos pequeños detalles pueden darte señales de posibles cambios de tendencia en una temporalidad menor. Recuerda que hay una correlación directa entre la acción del precio y la estructura que debes ir practicando.

Si deseo correlacionar estas observaciones que estoy haciendo en la acción del precio puedo marcar el penúltimo máximo y evaluar si ya hay quiebre en temporalidades menores.

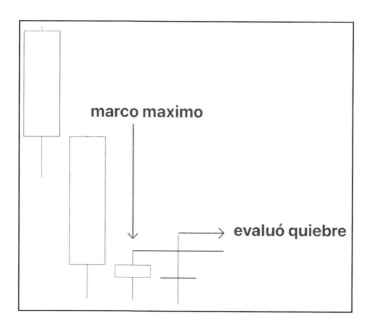

Figura N.8

Luego solo debo bajar la temporalidad para hacer la correlación e interpretar la estructura, donde confirmaremos si hay un "por qué".

Figura N.9

Confirmando en una temporalidad menor en la figura N.9 se puede ver solo un *test* y no un quiebre de la última resistencia que es definida por el máximo anterior. Sin embargo, esto explica por qué una desaceleración también puede ser interpretada como un **"cuándo"** para entrar al mercado, ya que en una temporalidad menor puede haber un "porqué" que sería el cambio estructural. En la figura N.9 aún no logra hacer ese cambio estructural por lo que, si se está evaluando la desaceleración bajista para una posición en largo, lo más sensato en términos de probabilidad es tener un poco más de paciencia, pero todo dependerá del contexto general del *trade*, es decir, la correlación completa.

Envolvente

Las envolventes o variaciones muestran un control de compradores o vendedores según sea la vela. Si es una envolvente alcista, un dominio de compradores y si es una envolvente bajista, un dominio de vendedores. Pero eso sucede solo en el marco temporal en el que esté esa formación. Es decir, si la envolvente es en la temporalidad de una hora, el control estuvo en el marco temporal de una hora. Cualquier definición debe tener un marco temporal, como sucede con las tendencias.

Cuando hay una envolvente en un posible punto estructural se le conoce como "Set up", esto puede traducirse como **formación**. Seguramente has escuchado que debes esperar el set up, el motivo de esto es que esa formación de una envolvente tiene mucha más probabilidad de hacer un cambio estructural en una temporalidad menor, como lo buscábamos en el ejemplo de la desaceleración en la figura N.9, donde aún no se concretaba un cambio estructural. Pero con una o varias envolventes técnicamente debería haber no solo un cambio estructural sino un dominio de compradores o vendedores según sea el caso en ese horizonte temporal.

Veamos un ejemplo de envolvente continuando con la formación de velas del ejemplo anterior:

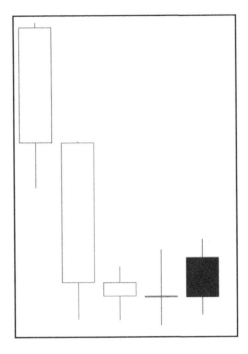

Figura O.1

En la figura O.1 aparece una primera vela alcista, ahora no solo se puede identificar una desaceleración sino también una envolvente, esto significa que, más allá de interpretar un debilitamiento en los vendedores, puedo interpretar un dominio de compradores. Como aspectos claves identificaré los máximos y mínimos, pero también el volumen de cuerpo bajista que logra envolver la vela alcista:

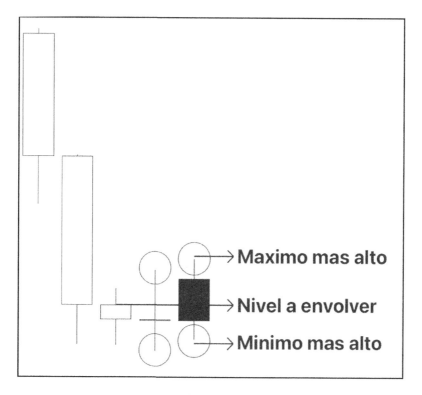

Figura O.2

En la figura O.2 podemos confirmar un dominio de compradores a través de 3 aspectos, un máximo más alto, un mínimo más alto y un volumen de vela alcista superior al volumen de la vela bajista anterior. Esta formación o set up tiene un significado importante a un nivel estructural en una temporalidad menor, veámoslo en la siguiente imagen:

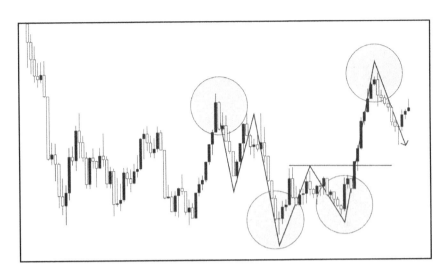

Figura O.3

Identificando los puntos grises en una temporalidad menor puedes ver
cómo esa acción del precio de la figura O.2 representa un "porqué" en una
temporalidad menor (figura O.3), pero al haber esta correlación directa con la
estructura se puede decir que hay dos "cuándo", dependiendo la temporalidad
donde veamos la acción del precio puede ser la señal de entrar al mercado o
pasar a una temporalidad menor, es decir, hay dos puntos importantes donde se
evalúa el "cuándo" (acción del precio): el primero es la tendencia secundaria.
Al tener la acción del precio en un posible punto estructural tienes un "cuándo"
pasar de una temporalidad menor a tomar la entrada (posicionarte). Cuando
tienes la acción del precio en la temporalidad terciaria ya tienes un "cuándo"
entrar al mercado, ya que ese es tu *timeframe* de entrada. También sería válido
tomar la entrada con la acción del precio en la tendencia secundaria si se quiere
un estilo swing, si no, solo estaría cumpliendo la función de un *timeframe*
principal y es el set up que te lleva al *timeframe* de entrada.

¿Entrar o ir a un timeframe menor?

Plantearé un ejemplo complementando con estructura y temporalidades para que quede muy claro, comenzamos por una tendencia secundaria (*timeframe* principal):

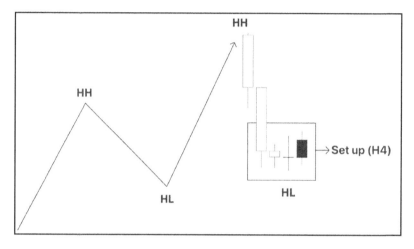

Figura O.4

En la figura O.4 tenemos un *timeframe* principal formando un posible "HL", al completarse una envolvente tienes un "cuándo", pero puedes afrontarlo de dos maneras. Si te interesa posicionarte incluso en un *timeframe* principal, la pregunta que ya tienes planteada es ¿cuándo es momento de posicionarme? Y ya tendrías la respuesta: justo ahora, porque tienes la acción del precio. Pero si tu intención es posicionarte en una temporalidad menor, que es lo común para el mercado de divisas, la pregunta sería ¿cuándo es momento de pasar a buscar una entrada en un *timeframe* menor? Y de igual manera ya tendrías la respuesta: tomarías ese set up o formación envolvente como el "cuándo" pasar a una temporalidad menor a tomar la entrada, para este ejemplo lo ideal sería M30 o M15 ya que tomamos como principal H4.

Al pasar a una temporalidad más baja ya se tiene un posible punto estructural en el *timeframe* principal, que es la figura O.4. Es un posible HL, por lo que se busca un impulso al alza **porque** hay una tendencia alcista, en la temporalidad de entrada solo queda repetir el proceso. Con el Set up de H4 se valida también un "porqué" ya que pasamos a alcista como lo identifico en la figura O.3, solo queda buscar un nuevo "cuándo" pero ahora si será para toma posición.

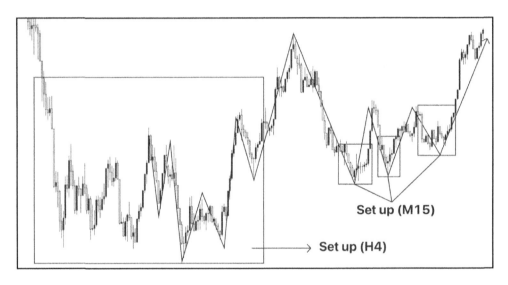

Figura O.5

¿Cuándo es momento de posicionarme? Pues al tener la acción del precio en M15, en la figura O.5 se identifican hasta tres puntos estructurales donde hay una acción del precio en la que se puede identificar desaceleración y también envolventes, recuerda que ambas son formaciones válidas.

234

Correlación "cuándo" y "porqué"

El "porqué" y el "cuándo" tienen una correlación directa, se puede decir que el "cuándo" como acción del precio genera un "porqué" en una temporalidad menor. Esa es la insistencia del set up como confirmación de pasar a una temporalidad menor o confirmación de entrada al mercado, evidentemente esto debe tener un "dónde", pero eso lo platearé en el siguiente capítulo en el método ZEAP. Por ahora quiero que entiendas a la perfección estas dos variables (estructura y acción del precio) en una constante correlación que usarás en tu *timeframe* principal y tu *timeframe* de entrada.

Ilustraré los dos momentos claves para la acción del precio y cómo esto te genera el cambio estructural que necesitas para justificar el "porqué".

Comenzaré con una estructura bajista en la temporalidad diaria como tendencia secundaria.

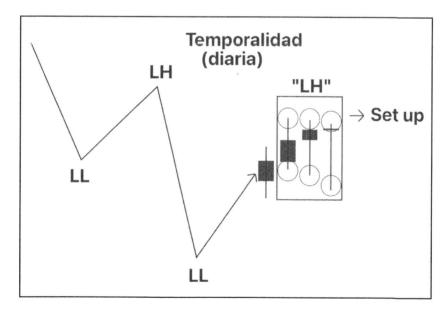

Figura O.6

235

En la figura O.6 estamos en la formación de un posible "LH" en el timeframe principal, estoy buscando un impulso bajista con la formación de dicho punto estructural **porque** el mercado está en una tendencia bajista. Como *trader intraday* mi pregunta es ¿**cuándo** es momento de bajar a una temporalidad menor a posicionarme? Y por jerarquía de temporalidades esa respuesta viene dada por la acción del precio del diario. En el recuadro podemos ver una desaceleración, la razón de tomarlo como un set up o formación que es válida para ir al *timeframe* menor son esos mínimos cada vez más bajos que técnicamente se tienen que representar como algún tipo de nuevo LL en el *timeframe* menor, y eso arrojaría un "porqué".

Saber exactamente cómo se ve la estructura y la acción del precio en una temporalidad menor es imposible, ya que puede haber muchas formaciones distintas. Pero sí puedo tener una noción de lo que está sucediendo a través de los cuatro aspectos que puedo evaluar de las velas japonesas en el timeframe mayor, veamos un posible escenario de la tendencia terciaria a partir de la acción del precio en la figura O.6:

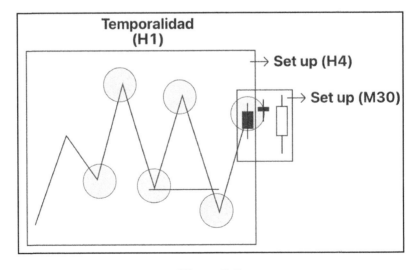

Figura O.7

236

En la figura O.7 busco reflejarte dónde podría estar cada punto gris que señalé en la temporalidad mayor, y cómo analizar la acción del precio te va dando una noción de lo que puede estar sucediendo en la temporalidad menor. Con el último punto gris bajista hay un cambio estructural y se forma una nueva tendencia bajista. A partir de ese punto las opciones de venta son válidas **porque** hay una tendencia bajista y justo en la última vela te señala **cuándo** es momento de tomar una posición bajista con esa acción del precio envolvente en la tendencia terciaria, en la cual tendrás ahora una entrada más exacta, e incluso se podrán ir tomando múltiples puntos estructurales con las fluctuaciones que vaya creando el mercado en ese impulso del *timeframe* principal que apunta a formar un nuevo LL.

El "porqué" como proyección

Cuando especificaba el "porqué" como justificante de una posición bajista o alcista también lo refería como un justificante de la proyección. En la figura O.6 se está buscando un impulso bajista, es decir, ir a formar un nuevo "LL", por lo que el recorrido puede ser bastante largo al ser una tendencia secundaria. De conseguir el primer movimiento, la posición planteada en la figura O.7 quedaría alrededor de la siguiente área en el círculo gris del *timeframe* diario:

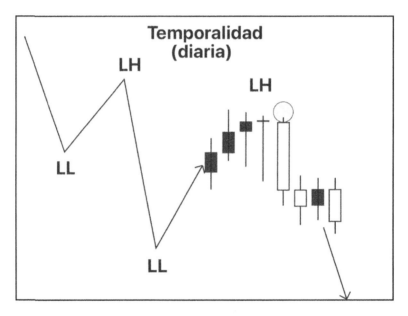

Figura O.7

Esto quiere decir que hay una muy buena posición que se puede proyectar al conseguir un buen recorrido porque estaríamos en el inicio de un nuevo impulso bajista de la tendencia secundaria, pero también quiere decir que aún pueden formarse nuevas oportunidades en el recorrido hasta el nuevo LL. Por lo cual en la tendencia terciaria podemos continuar basándonos en el "porqué" y el "cuándo" (estructura y acción del precio) para ir reentrando en nuevos puntos estructurales, ya que el *timeframe* principal ya cumplió su función de definir la proyección **porque** hay una tendencia bajista y dio la señal del nuevo punto estructural **cuando** hizo la acción del precio correspondiente.

Estar atento a las nuevas oportunidades en el *timeframe* de entrada hará que aproveches mucho más la proyección analizada.

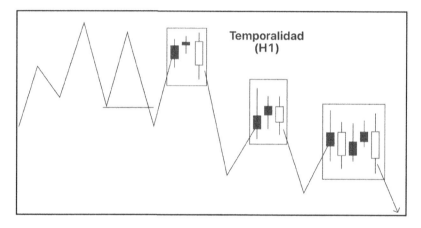

Figura O.8

En la figura O.8 represento las nuevas oportunidades que se pueden ir tomando **cuando** haya acción del precio en los puntos estructurales formados en la tendencia terciaria, de esta manera se pueden tomar múltiples entradas en el impulso proyectado en la figura O.7, así queda claro que el *timeframe* principal da la dirección y el *timeframe* de entrada hace el ruido necesario para ir tomando múltiples oportunidades, bajo las justificaciones de la estructura y la acción del precio.

Veamos cómo puede verse esta correlación en un gráfico real de velas japonesas, donde el ruido puede, a veces, dificultar un poco más la sencillez que hay tras la teoría.

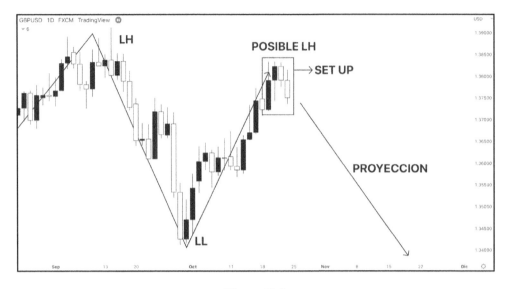

Figura O.9

Fuente: Tradingview – GBP/USD
Temporalidad: 1D

En la figura O.9 el GBP/USD se establece como un *timeframe* principal mostrando una estructura clara con precios LH y LL. En el recuadro se identifican unas envolventes que pueden dar lugar a la formación de un nuevo LH, **cuando** se completa esa acción del precio tenemos luz verde para pasar al *timeframe* menor en que se alinee la estructura y una nueva acción del precio para tomar una primera posición bajista.

El ruido en la tendencia terciaria siempre será más fuerte, pero no hay que perder la dirección que ya se identificó en la temporalidad mayor. Si la estructura aún no te justifica **por qué** tomar una venta, espera pacientemente hasta que las probabilidades estén a tu favor.

Figura P.1

Fuente: Tradingview – GBP/USD
Temporalidad: 1H

Al correlacionar la tendencia terciaria podemos ver en la figura P.1 que aún no ha logrado concretar un cambio estructural a bajista. No debes confundir quiebres de soporte (los tres señalados en la imagen), con un cambio estructural. Sí es verdad que hay oportunidades que puedes tomar antes de tener un cambio estructural, pero jamás serán probabilísticamente iguales que al tenerlo. Como decía Dow, el precio lo descuenta todo, así que a veces es mejor dejar que el precio dé por descontado el dominio entre los vendedores y los compradores a nuestro favor.

Al no tener la tendencia terciaria alineada, muchos se pierden y comienzan a buscar oportunidades en la dirección equivocada. Hay que respetar la jerarquía de los *timeframe*, esperar que el menor se correlacione al mayor, de una manera lineal como se planteó en la figura L.2.

Viniendo del diario ya tengo un Set up y una potencial dirección, cuando H1 se alinee ya se completa una lectura de especulación, reconociendo que una estructura bajista en H1 se comenzará a formar el impulso bajista de la temporalidad diaria.

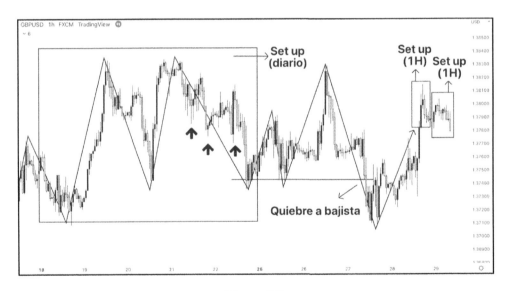

Figura P.2

Fuente: Tradingview – GBP/USD
Temporalidad: 1H

En la figura P.2 se puede apreciar ciertas fluctuaciones en el gráfico hasta que logra concretar un quiebre, lo cual me lleva a buscar una siguiente oportunidad para una posición en corto **porque** hay una tendencia bajista, **cuando** hay una acción del precio en lo que es un posible LH de H1 es el momento de tomar acción y posicionarse, en este caso hay una doble confirmación, ambas son válidas.

Al entrar justo **cuando** el precio nos da la oportunidad evitamos anticiparnos, pero no dejamos que el precio se vaya, porque cuando ya es más que evidente el control, es tarde. Por eso debemos estar atentos a esos posibles puntos estructurales cuando comienzan las correcciones, puedes trabajar incluso con alarmas que te avisen cuando el precio está llegando al "**dónde**", un concepto que uniremos más tarde a esta fórmula.

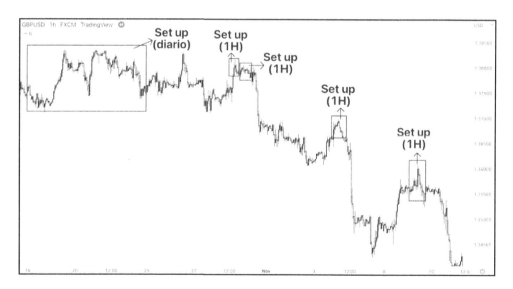

Figura P.3

Fuente: Tradingview – GBP/USD
Temporalidad: 1H

De un solo análisis puedes obtener múltiples oportunidades, en la figura P.3 se muestra cómo puedes seguir buscando oportunidades de venta **porque** sigues en la tendencia bajista, y señalo dos nuevos puntos estructurales en los que se puede reentrar **cuando** se completa la acción del precio en esos puntos estructurales y que, además, puedes proyectar largos recorridos **porque** todas estas fluctuaciones son un impulso de la tendencia segundaria que está proyectándose en la figura O.9

Saber cuándo una posición puede darte un riesgo/beneficio alto o un riesgo/beneficio bajo es parte de la correlación, entender si estás en un impulso o un retroceso de la tendencia secundaria, lo mismo de la terciaria, es un aspecto básico para proyectar con un sentido técnico.

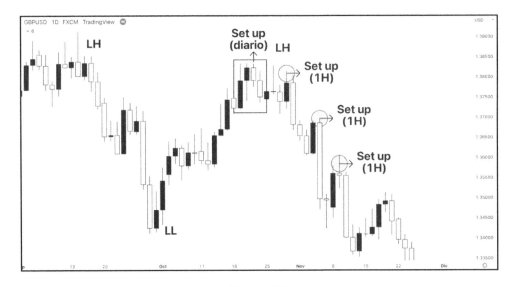

Figura P.4

Fuente: Tradingview – GBP/USD
Temporalidad: Diaria

244

En la figura P.4 volvemos al timeframe diario para tener una visión satelital nuevamente, se puede apreciar todo el impulso de la tendencia secundaria y dónde está cada una de las entradas que se formaron en H1 vistas en la figura P.3.

Esta es la magia de conseguir los timeframes correctos, donde el impulso o retroceso de una temporalidad mayor puedes desglosarlo en una temporalidad menor y obtener una estructura simple.

Actividad 13: Selecciona la opción que corresponde a la formación del diario:

(temporalidad diaria)

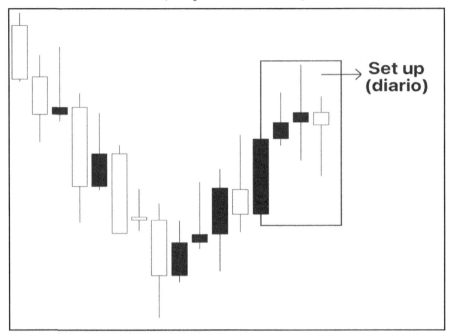

Figura P.5

(Temporalidad 1h)

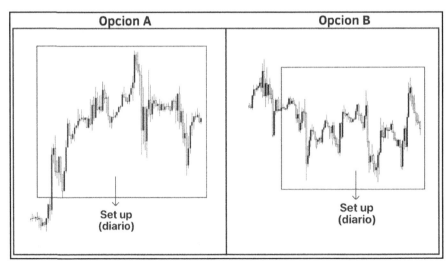

Figura P.6

Horarios

Si la acción del precio indica "cuándo" es momento de entrar al mercado, también es importe valorar "cuándo" se formó la acción del precio. El "cuándo" del "cuándo" podría decirse de una manera redundante. Todos los mercados tienen horarios de mayor y menor volumen. El mercado de divisas opera las 24 horas del día, los 7 días de la semana. Puedes ir a una casa de cambio un fin de semana e intercambiar divisas, el dinero se sigue moviendo en todo el mundo, funcionan pasarelas de pago a nivel mundial, etc. El dinero nunca duerme, pero como *traders* dependemos de los proveedores de liquidez, y estos operan de lunes a viernes, por esa razón solo podemos ver fluctuaciones y posicionarnos durante cinco días a la semana, es decir, el mercado de divisas es descentralizado, pero la operativa que hacemos a través de los brokers de alguna manera es centralizada. Esto explica algo importante respecto al volumen como indicador: al ser un mercado descentralizado es imposible calcular el volumen de todas las transacciones, pero cuando vemos un gráfico de divisas y activamos el indicador de volumen te das cuenta de que sí existe. La razón es porque se está calculando esa pequeña parte de volumen total que sí estaría centralizada de alguna manera. Se podría decir que este indicador puede funcionar similar a como funciona una muestra en la estadística, por ejemplo, cuando hay unas elecciones presidenciales en un país no puedes encuestar a toda la población. Por lo tanto, se toman muestras, que son un subconjunto de datos que pertenecen a una población de datos, y a partir de los resultados de estas muestras puedes hacer una estimación. En ese sentido, esa sería la manera en que se le pueda dar la funcionalidad al indicador de volumen en el mercado de divisas, que en un mercado centralizado al 100% es un indicador súper valioso.

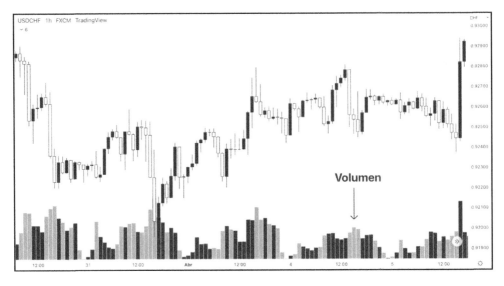

Figura P.7

Fuente: Tradingview – USD/CHF
Temporalidad: 1H

Quizá no podemos conocer el volumen general, pero sí podemos dar por hecho que el volumen de negociaciones aumenta en más de un 80% cuando la divisa está cotizando en el huso horario de su país, ya que están todos los bancos e instituciones abiertas, además de estarse arrojando todos los informes financieros y discursos importantes.

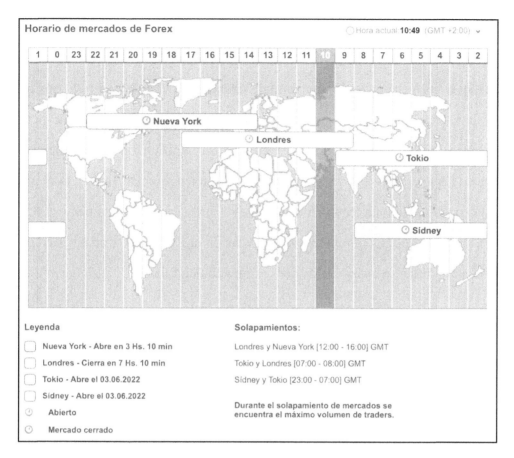

Figura P.8
Horarios de los mercados principales
Fuente: es.investing.com

Esto significa que la acción del precio tiene mucha más veracidad **cuando** es formado en el horario correspondiente a su mercado, es decir entre las 8:00 y las 17:00 horas del país de la divisa. Un ejemplo, el rango de volumen fuerte para el euro es desde las 8:00 a las 17:00 hora Alemania, un alto volumen de negociaciones para el yen es desde las 8:00 a las 17:00 hora Japón, y así respectivamente para cada divisa.

Si estás siguiendo un par de divisas en el que ambas estén en distintos husos horarios como el EUR/USD tendrás un rango de volumen alto más extendido, pero cada divisa será más dominante en su huso horario, ya que al abrir los bancos Europeos, Nueva York aún sigue dormido, y todas las variables que afectan al euro están en ese momento generándose. Luego sucederá lo mismo por la tarde donde ya comienzan a cerrar las instituciones en Europa, pero Estados Unidos está en su punto más alto de negociaciones y comienzan incluso las aperturas de otros mercados que influyen directamente en la oferta y la demanda del dólar, como la bolsa, que se correlaciona directamente con la divisa, por lo que los movimientos que veas en el EUR/USD van a ser en un porcentaje más alto ocasionados por el impacto del dólar.

Horario como aspecto importante del plan de trading

En mi libro "la magia de operar USD/CAD" muestro detalladamente cómo el horario es uno de los aspectos más importantes para entender y tomar los mejores movimientos. USD/CAD es uno de esos pares que, si lo operas fuera de horario, muy probablemente fracases intentando tomar los movimientos, mientras que hay otros que son más versátiles como el USD/JPY que, al tener dos divisas con mucha liquidez en dos extremos del mundo, hace que se pueda mover prácticamente igual las 24 horas.

Una técnica para que puedas identificar el horario ideal para tomar buenos movimientos en el par que desees seguir es colocarte en la temporalidad de 4H y hacer un backtesting marcando las velas más grandes. Si ves que todas coinciden en los horarios es un par dominante en un rango de horario específico.

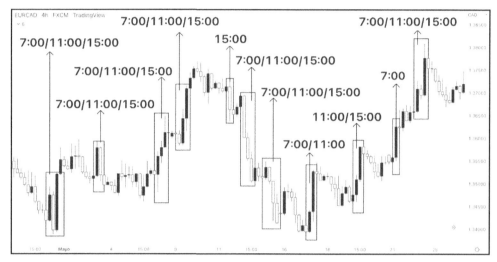

Figura P.9

Fuente: Tradingview – EUR/CAD
Temporalidad: 4H

En la figura P.9 he tomado un tramo del EUR/CAD en la temporalidad de H4, encerrando las velas de mayor tamaño se puede apreciar que todas coinciden en el horario de 7:00 hasta las 15:00 (hora Madrid). Verificando esto podemos amoldar tu plan de trading estableciendo los horarios en que debes operar según los pares que sigues. Si, por alguna razón de trabajo o responsabilidades, no puedes ver el gráfico del EUR/CAD en el rango de horario ideal lo mejor es que busques otro par que se pueda adaptar mejor a tu horario, de lo contrario vas a perder la mayoría de los movimientos y será frustrante.

251

Acción del precio en el horario de volumen institucional

La acción del precio es otra manera gráfica de ver el juego entre la oferta y la demanda, pero ese dominio nos interesa reconocerlo cuando están participando los grandes, las instituciones, ya que es la única manera de garantizar que esa acción del precio fue formada con un volumen alto. Debes entender que el tamaño de las velas no simbolizan ni más ni menos volumen de compradores o vendedores, una cosa es volatilidad y otra es volumen. Las velas solo nos dicen cuánto se desplazó el precio al alza o a la baja en un horizonte temporal, es decir, si es en la temporalidad diaria la vela solo te mostrará cuánto se desplazó el precio durante el día, dónde estuvo el máximo, el mínimo, la apertura y el cierre. Pero el hecho de que pueda ser una vela muy grande no garantiza que hubo un fuerte volumen de compradores o vendedores, puedo haberse desplazado el precio por una variable que generó volatilidad, por esto existen los gaps, el precio puede saltar incluso y dejar un espacio vacío.

Al reconocer que la vela no es volumen, entiendes que la acción del precio que ves fuera del horario de mercado de la divisa tiene poca relevancia, ya que solo es variación en las cotizaciones, pero no hay un volumen grande que lo haya provocado. Mientras que una acción del precio formada en el mercado de la divisa son variaciones en la cotización, pero con un volumen gigante de negociaciones, por lo que allí si ves el verdadero dominio entre la oferta o la demanda que están provocando las instituciones.

Por más que tengas la dirección clara, tomar entradas fuera del mercado de la divisa no sustenta tu posición en un volumen fuerte, esto hace que muchas veces el mercado fluctúe un poco más en cualquier dirección y, al llegar el horario, viene la confirmación fuerte y es allí cuando se da el movimiento que estabas buscando.

Haré un ejemplo con el EUR/GBP que es un par en el que ambas divisas están en la zona europea, por lo que el volumen gigante existirá cuando estén abiertas las instituciones, bolsas y bancos en Europa principalmente.

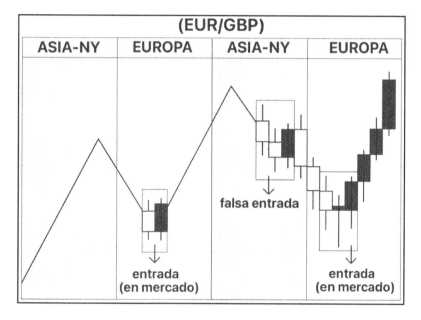

Figura Q.1

En la figura Q.1 ejemplifico como la **acción** del precio es una confirmación mucho más fuerte **cuando** se da en el mercado correspondiente, este es un escenario muy común cuando tomas posiciones fuera del horario, donde el mercado consolida o retrocede aún más tocando tu *Stop loss* para después realizar el movimiento cuando hay mucha más liquidez. Entender cuáles son las horas donde el par que estás siguiendo forma sus puntos estructurales y hace buenos recorridos te puede ahorrar mucho tiempo y dinero.

Luego de conseguir el rango más importante con las velas de H4 ve a una tendencia terciaria y descubre cómo se forma esa acción del precio cuando el par de divisas está en su horario correspondiente a los mercados.

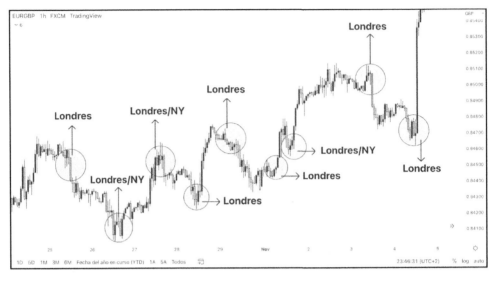

Figura Q.2

Fuente: Tradingview – EUR/GBP
Temporalidad: 1H

Algo clave que se puede apreciar en la figura Q.2 es que todos los puntos estructurales en EUR/GBP son formados cuando la acción del precio se completa en el mercado correspondiente que es Londres, generando a partir de allí los impulsos. Tiene sentido ya que ambas divisan pertenecen a los países que están en el huso horario de Londres, al estar todos los bancos europeos, las bolsas cotizando, las grandes instituciones haciendo negociaciones, todo el volumen grande se concentra en esa área. Al posicionarte en este par en el mercado asiático tendrás muy pocas posibilidades de conseguir un buen impulso.

Ahora ya sabes que el "cuándo" también tiene un "cuándo", un rango de horario donde la acción del precio tiene mucha más fuerza por el volumen de negociaciones que hay bajo esa formación. Adapta tu plan de trading al horario que más te convenga según los pares que sigas, esto obviamente dentro de tus posibilidades, si por algún motivo no puedes ser un *trader* activo en el mercado de Londres o Nueva York, que son los ideales porque es donde hay un mayor volumen, puedes buscar pares que sean un poco más versátiles y formen puntos estructurales en el mercado asiático, solo que deberás ser un poco más conservador en las proyecciones ya que es un mercado con mucha menos volatilidad y los movimientos serán más cortos. Cuando estoy fuera de mi horario común que tiende a ser el europeo, experimento con USD/JPY o CHF/JPY, el primero porque son dos divisas con buena liquidez, pero son dos husos horarios muy distintos en los que no coinciden sus mercados, esto hace que tenga un movimiento continuo o muy similar las 24 horas, y la segunda opción al enfrentar el yen al franco suizo tengo un par en el que el yen será el dominante porque el franco suizo es una de las divisas más estables, por lo que es un buen par para conseguir puntos estructurales en los mercados asiáticos. Si deseas ver en qué mercado te encuentras puedes escanear el siguiente QR, y personalizar la hora en la parte superior para que así puedan identificar la hora de las aperturas y los cierres de cada mercado en tu huso horario.

Figura Q.3
Horario de los mercados del mundo
Fuente: *es.investing.com*

CAPITULO IV:
MÉTODO ZEAP

Significado del método ZEAP

He decidido crear un método a través del cual puedas tener la seguridad de que estás haciendo las cosas de manera correcta. Con esto me refiero a que puedas tener la confianza de que tu posición está basada en un análisis técnico que pone las probabilidades a tu favor, y que puedas conseguirlo con solo tres preguntas, ¿dónde posicionarte?, ¿por qué posicionarte?, y ¿cuándo posicionarte?

Si consigues que un *trade* responda a estas tres preguntas, no solo es válido, sino que tiene muchas posibilidades de que vaya en la dirección que proyectaste.

Las tres preguntas responden a lo que considero los tres fundamentos del análisis técnico, la zona que es el "dónde" debes posicionarte, la estructura que es el "porqué" posicionarte en esa dirección y la acción del precio que es "cuándo" posicionarte. ZEAP es el acrónimo de estos tres principios, zona, estructura y acción del precio.

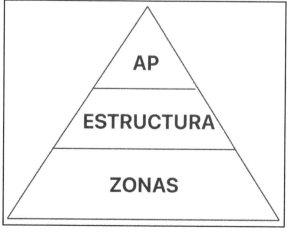

Figura Q.4

El orden de los principios no es una cuestión de gustos, es un orden basado en probabilidad, donde la zona es la base porque es la que te aportará un mayor porcentaje a la hora de posicionarte. Suelo decir que comprar en zonas de demanda y vender en zonas de oferta ya te pone sobre un 50% de probabilidad de ganar un *trade*, y estoy seguro que ya entiendes esto con todo lo planteado en el capítulo uno de este libro.

Posiciones basadas en zonas

Hay estilos de trading en los que las posiciones se justifican solo en las zonas, ignorando todo lo demás, esto lo hacen los *traders* que trabajan con órdenes pendientes.

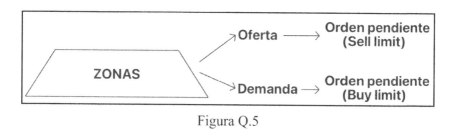

Figura Q.5

La razón por la que este método funciona cuando se leen de manera correcta las zonas es porque las probabilidades de que el precio reaccione a ellas nuevamente son altas, evidentemente tiene que estar establecido un nivel de salida y de cierre con ganancia sujeto a los niveles de oferta y demanda.

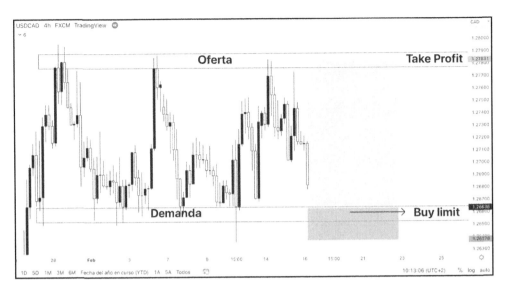

Figura Q.6

Fuente: Tradingview – USD/CAD
Temporalidad: 4H

En la figura Q.6 se puede identificar niveles de oferta y demanda muy definidos, para una siguiente orden pendiente se plantea un *buy limit* en la zona de demanda, con la esperanza de que reaccione nuevamente. En ese nivel no se tomará en cuenta ni la acción del precio ni los cambios estructurales en temporalidades menores, simplemente al tocar el precio se activa la orden, por lo que toda la probabilidad está puesta en la zona. Sin embargo, esto es un *trade* correcto a un nivel técnico, así como el precio de salida o *stop loss* al quebrar la zona y el nivel de ganancia o *take profit* en la zona de oferta.

Trabajar con órdenes pendientes tiene sus ventajas y sus desventajas; una de las principales ventajas es poder configurar órdenes pendientes en las zonas y no tener que estar siguiendo el mercado. Otra puede ser la exactitud que puedes conseguir en la entrada potenciando el riesgo/beneficio, ya que la acción del precio se come parte del recorrido, pero las desventajas principales son no poder tener una confirmación en la misma acción del precio que complementa muy bien a la zona, ya que si llega pero no hace ningún tipo de desaceleración o en envolvente a favor, es una señal de que probablemente no respetará la zona y la quiebre, por lo que nos ahorramos entradas perdedoras.

Otro aspecto negativo puede ser estar más expuesto a la volatilidad que puedan generar las fundamentales, ya que usualmente cuando se dejan órdenes pendientes no se está siguiendo el mercado ni tampoco los eventos económicos que provocarán una alta volatilidad.

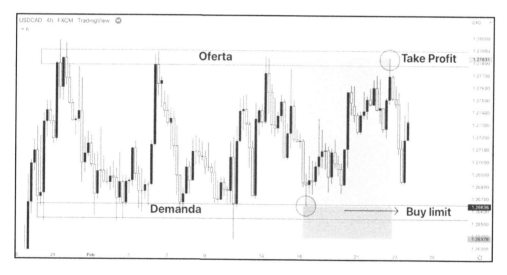

Figura Q.7

Fuente: Tradingview – USD/CAD
Temporalidad: 4H

Si con tan solo el primer nivel de la pirámide (las zonas) que es el "dónde" ya tienes un alto nivel de porcentaje, espera a ver lo que puedes conseguir cuando articulas una posición basada en la pirámide completa.

Posiciones basadas en zonas y acción del precio

Otro estilo muy común en la operativa técnica es la correlación directa entre las zonas y la acción del precio, pasando por alto la estructura y las formaciones principalmente en las tendencias terciarias o menores a estas.

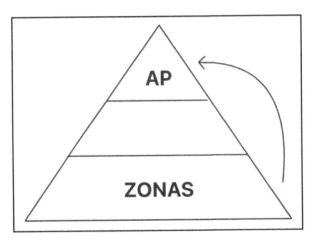

Figura Q.8

Un estilo basado en zonas y acción del precio es muy similar a lo que presentaré en el método "ZEAP" con una salvedad, en el método se hace una lectura formal de la estructura mientras que el estilo de la figura Q.8 el *trader* solo lee acción del precio y con ella interpreta lo que está sucediendo a un nivel estructural en una temporalidad menor, similar a lo que hiciste en la figura P.5 en la actividad 13.

Este estilo permite en muchas ocasiones entrar un punto estructural antes de que ocurra el cambio estructural.

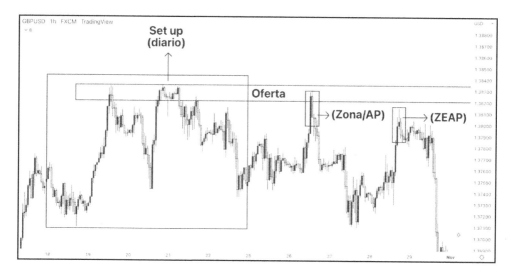

Figura Q.9

Fuente: Tradingview – GBP/USD
Temporalidad: 1H

Me gustaría que compares en este momento la figura Q.9 con la figura P.2, podrás darte cuenta de que, basado en la posición en zonas y acción del precio, hay una primera entrada marcada en la figura Q.9 como (Zona/AP). Mientras que en la figura P.2 la entrada está basada en el método ZEAP, pues ya verás que se cumplían los tres fundamentos, ya que la tendencia estaba bajista, el precio está dentro de una zona de continuación diaria y hay una acción del precio. Quiero aclarar que ambas son válidas, recuerda que no hay un solo estilo correcto o una sola manera de entrar al mercado, lo que estoy planteando con el método ZEAP es que tus posiciones tengan los estándares probabilísticos más altos, esto aumentara tu *average* (número de *trades* que ganas) y en muchos casos tu riesgo/beneficio, pero eso es secundario, no sirve de nada proyectar altos radios de riesgo/beneficio y fallar más que una escopeta de feria.

Una posición basada en zona y acción del precio es la hermana mayor de una posición basada en el método ZEAP, necesitas tener experiencia sobre todo en la lectura de la acción del precio y desarrollar la habilidad de correlacionar mentalmente de una manera eficaz, pero al final del día tiene el mismo fundamento técnico ya que acción del precio y estructura son una sola cosa, una hace la otra, la estructura es el ruido de la acción del precio.

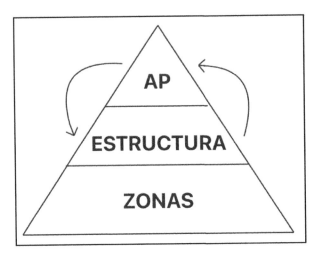

Figura R.1

Posiciones basadas en el método ZEAP (zona, estructura y acción del precio)

El método ZEAP tiene como objetivo darte una especie de manual para validar tus posiciones, a través de los primeros tres capítulos de este libro viste el ADN de las zonas, la estructura y la acción del precio, ahora es momento de construir escenarios donde puedas apoyarte en esta trilogía que pondrá las probabilidades a tu favor.

No hay un solo método correcto para operar los mercados, pero sí hay principios técnicos que hacen que un método o estrategia tenga sentido. El análisis técnico es un arte y como todo arte debes ser creativo, pero la creatividad es importante canalizarla para que sea productiva. Los niños en sus primeros años son muy creativos, dibujan y crean cualquier tipo de cosas sin fronteras en la creatividad, eso es muy importante para ellos, pero hay un punto en donde se les debe enseñar a canalizar su creatividad para que, como adultos, puedan crear cosas que respondan a las demás leyes universales como las matemáticas o la física, sino simplemente viviríamos fantaseando. Lo mismo sucede con el chartismo, esa rama del análisis técnico en la que dibujamos y colocamos herramientas en nuestro gráfico para proyectar escenarios, esto tiene una base creativa, pero si no la canalizamos dentro de los principios del análisis técnico solo estaríamos jugando a proyectar sin sentido.

El método ZEAP no es una estrategia repetitiva, opino que las estrategias repetitivas son para automatizarse, un método en una ruta o camino que se sigue para encontrar cierto fin, que en este caso es una posición justificada en los tres fundamentos. Mientras que una estrategia son planes compuestos por una sucesión de acciones que son planificadas conscientemente para tomar una decisión, esto quiere decir que es como una serie de pasos específicos o sistemáticos. Esa es la manera en la que se debe programar un *bot* o sistema de inteligencia artificial para operar el mercado, tienen que ser condiciones concretas y cerradas y el sistema solo abrirá posiciones cuando se cumplan esas condiciones.

El método ZEAP en una ruta que debes afrontar de una manera creativa, interpretando y razonando para que puedas dar respuesta a las tres preguntas a través de los fundamentos.

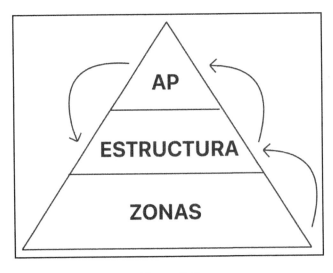

Figura R.2

Con las zonas delimitas el área a los niveles más fuertes e importantes, donde hay mayor probabilidad de que el precio reaccione. Con la estructura te pones a favor de la tendencia, como un velero que aprovecha el viento a su favor y fluye con facilidad. Y con la acción del precio consigues el momento perfecto para exponerte en el mercado cuando ya las instituciones dejaron su huella.

Haré un primer ejemplo del método ZEAP en una sola temporalidad para definir una posición:

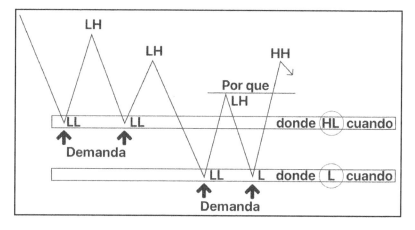

Figura R.3

En la figura R.3 se completa un cambio estructural alcista con el último HH formado, por lo que el siguiente punto estructural puede ser una oportunidad de compra **porque** hay una tendencia alcista, pero la siguiente pregunta sería: ¿dónde se puede formar ese punto estructural? Y para dar una respuesta solo basta con definir las zonas donde el precio haya mostrado demanda en el pasado. En la imagen identifico dos niveles importantes, el primero formaría un posible HL y el segundo un L al estar al mismo nivel del bajo anterior. Una vez que ya tengo claro el porqué de la compra y dónde tengo potencial de formar el punto estructural solo queda esperar la última confirmación, la punta de la pirámide que es la acción del precio.

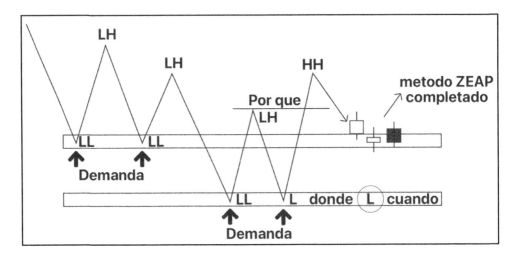

Figura R.4

En la figura R.4 se completa una oportunidad basada en el método ZEAP, tomar una posición en largo con esa última acción del precio tiene un alto grado de probabilidad de conseguir un *trade* ganador, ningunos de los fundamentos fueron considerados al azar, ni la dirección, ni el área de entrada ni el momento, esto es posicionase con fundamentos técnicos.

Ahora veamos variantes un poco más complejas donde entra en juego la correlación y debemos razonar para entender dónde están nuestros tres pilares.

Figura R.5

Fuente: Tradingview – GBP/USD
Temporalidad: Diaria

En la figura R.5 señalo el mismo punto estructural que en la figura O.9, pero ahora descubrirás que en la correlación hay una excelente incorporación del método ZEAP, en cuanto a la temporalidad diaria que tenemos en la figura R.5 se busca la formación de un posible LH **porque** hay una tendencia bajista, y una acción del precio que está insinuando la formación de un posible LH. Si ese set up se estuviese formando en una zona de oferta, se estaría completando el método en esta temporalidad, sin embargo, el método no se trata de conseguir los tres pilares en todas las temporalidades, ni tampoco en una sola, se trata de conseguirlos en la correlación. A pesar de que el set up no se forma en una zona de oferta, que es **donde** sería ideal, deja una zona de continuación que será útil como un **dónde** para la tendencia terciaria.

Si deseas tener más organizada tu correlación puedes ir haciendo un *checklist* o un dibujo de la temporalidad que acabas de leer para estar ubicados en la correlación, como en la figura M.8.

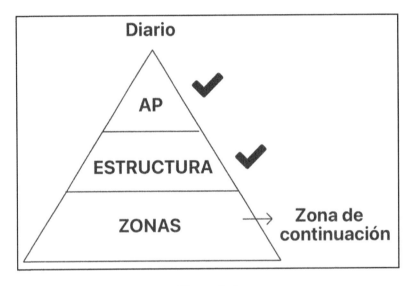

Figura R.6

Este sería el resultado de algún *checklist* en la temporalidad diaria, y de hecho es el más común de ver, ya que las tendencias diarias usualmente van en continuación, y recuerda que el aspecto clave es la estructura porque nos da la dirección en la temporalidad menor y luego la acción del precio, porque correlaciona la estructura de la tendencia terciaria.

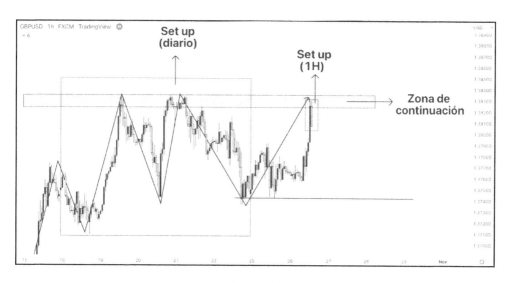

Figura R.7

Fuente: Tradingview – GBP/USD
Temporalidad: 1H

En la figura R.7 se forma una primera acción del precio en la zona de continuación que formó la temporalidad diaria, sin embargo, antes de tomar una decisión hay que evaluar los tres pilares. Evidentemente hay una zona de oferta identificada que es la misma zona de continuación del *timeframe* diario, y una acción del precio que se completa en ella, pero aún la estructura se mantiene alcista. Posicionarte en ese punto es válido justificándolo con la zona y la acción del precio, aquí es donde entra la parte del razonamiento como *trader*, dependiendo qué tan conservadora o arriesgada es tu operativa o cómo va tu rendimiento semanal o mensual puedes considerar tomar o no este tipo de entradas más tempranas, consciente de que no tienes aún una tendencia a favor en el *timeframe* de entrada.

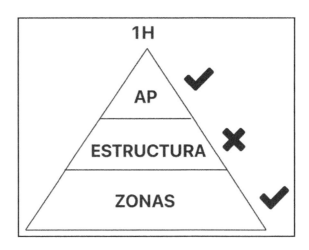

Figura R.8

La estructura y la acción del precio son dos variables que dan *momentum* en el *timeframe* de entrada, por lo que si tienes un average bajo en tu operativa por alguna mala racha, lo más recomendable es que busques posiciones donde tus probabilidades de ganar estén altas, a veces con un poco más de paciencia el mercado ya te ofrece un escenario más claro.

Cuando llevas un buen rendimiento en la semana o el mes puedes considerar entradas más tempranas que te ofrecen un mejor riesgo/beneficio, pero todo esto es una cuestión de gustos, muchos prefieren mantener constantemente un estilo más fiable esperando todas sus confirmaciones y otros se aventuran buscando anticipar las demás señales.

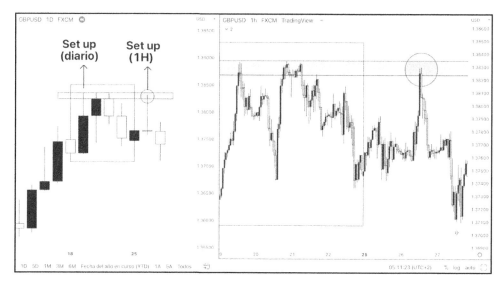

Figura R.9

Fuente: Tradingview – GBP/USD
Temporalidad: Diaria (izquierda) – 1H (derecha)

En la figura R.9 puedes ver el contraste entre ambas temporalidades, principal y de entrada, cada una completó ciertos pilares de una forma u otra, pero para una siguiente oportunidad continúa la correlación con ese último *bullish test* que deja la temporalidad diaria, donde ahora se evidencia una zona de continuación más amplia.

Veamos ahora una siguiente oportunidad donde el método ZEAP pueda hacer una presencia aún más completa.

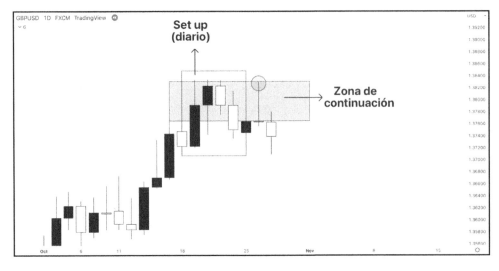

Figura S.1

Fuente: Tradingview – GBP/USD
Temporalidad: Diaria

Suelo decir que cada vela es como una nueva carta sobre la mesa, es lo que muestra la figura S.1. Con la formación de un nuevo *bullish test*, la zona de continuación puede ir desde el cuerpo de esas nuevas velas hasta la segunda mecha más alta, el resultado será una zona de continuación más amplia en el *timeframe* de entrada.

276

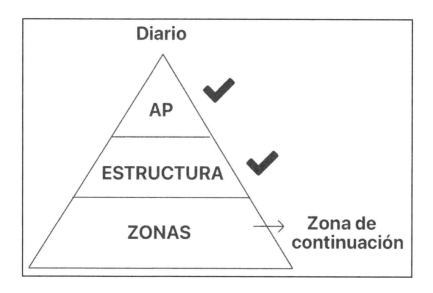

El resultado de esta nueva formación tendría las mismas cualidades en la pirámide, solo una zona de continuación con un nuevo rechazo y más amplia.

El escenario en la tendencia terciaria estará mucho más cómodo, con un rango de oferta más grande en el cual el diario está mostrando un rechazo.

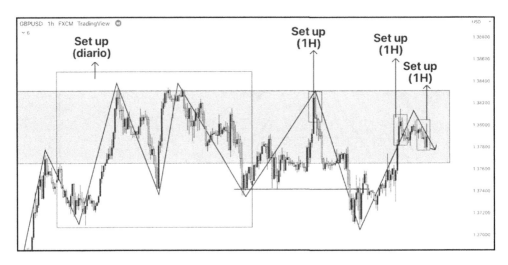

Figura S.2

Fuente: Tradingview – GBP/USD
Temporalidad: H1

En la figura S.2 hay dos oportunidades en las que se completan los tres niveles de la pirámide, específicamente en los últimos dos set up de 1H, ya que había un cambio estructural-precio que marca una tendencia bajista, y la acción del precio para el potencial LH se completa de la zona de oferta que fue definida por la temporalidad mayor, las posiciones tomadas en cualquiera de esos dos puntos están justificadas bajo el método ZEAP, pues responden a las tres preguntas: ¿dónde?, ¿por qué? y ¿cuándo? posicionarte en el mercado.

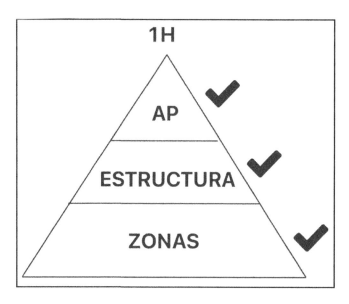

Figura S.3

Unas posiciones de este tipo pueden darte una probabilidad base sobre un 80% de probabilidad de ganar, mientras más amplio sea el riesgo beneficio este porcentaje irá disminuyendo por la proporción del recorrido de ganancia contra el de perdida. Pero por más alto que pueda ser el porcentaje siempre habrá uno restante que es la probabilidad de la perdida, y ese porcentaje siempre va a existir. Con esto quiero que entiendas que el riesgo que tomas por operación no es en base a la probabilidad del *trade*, no debe aumentarse cuando se ve perfecto y cumple con los tres pilares de la pirámide, el riesgo debe ser constante en tu operativa porque la rentabilidad es una fórmula matemática. El trading es tan cruel que puedes respetar riesgos hasta el penúltimo día del año y tener un rendimiento positivo, pero si el último día no lo haces puedes perder todo el trabajo de un año.

Aplicaré el método ZEAP en un nuevo grafico para que te quedes con una idea aún más clara de lo que representa.

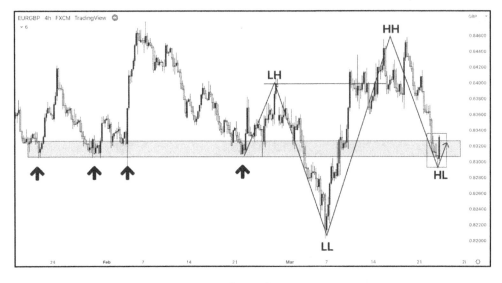

Figura S.4

Fuente: Tradingview – EUR/GBP
Temporalidad: H4

En la figura S.4 se completan los tres pilares de la pirámide como *timeframe* principal, formando un posible HL con la acción del precio en la zona de demanda en una tendencia alcista.

Con esas tres características articulándose, las exigencias en el *timeframe* de entrada no tienen que ser las más altas, ya que venimos de un escenario muy completo en el *timeframe* principal.

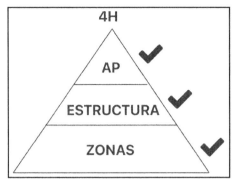

Figura S.5

Con un *timeframe* principal en H4 se correlacionaría bien M30 o M15, puedes revisar ambos y usas el que te proporcione una lectura más clara.

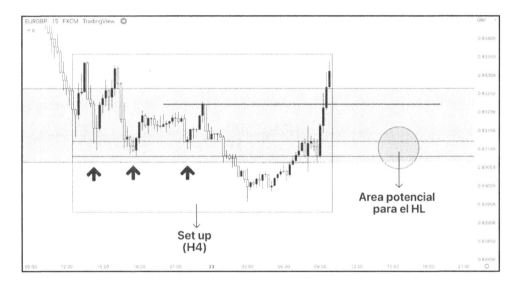

Figura S.6

Fuente: Tradingview – EUR/GBP
Temporalidad: M15

El patrón del gráfico en M15 es muy parecido al de su *timeframe* mayor, con una zona de demanda clara a la izquierda, un cambio estructural sólido para marcar una tendencia alcista y ahora solo queda esperar la acción del precio que dirá cuando es momento de posicionarse.

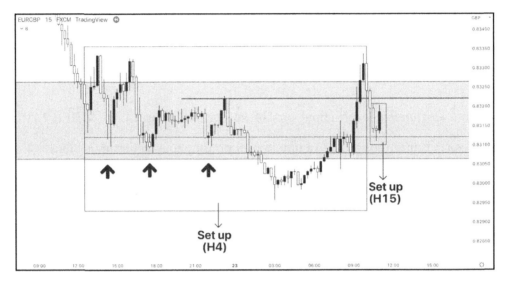

Figura S.7

Fuente: Tradingview – EUR/GBP
Temporalidad: M15

En la figura S.7 se completa nuevamente los tres niveles de la pirámide para tener una entrada con una excelente confluencia en sus confirmaciones, además de ser una posición que puede tener una proyección muy amplia por tener una temporalidad mayor cumpliendo también con los aspectos del método ZEAP.

No todas las correlaciones muestran una justificación en los tres pilares, pero cuando lo hacen es un excelente patrón de mercado para tener la confianza de que es una posición justificada y no entradas sin sentido.

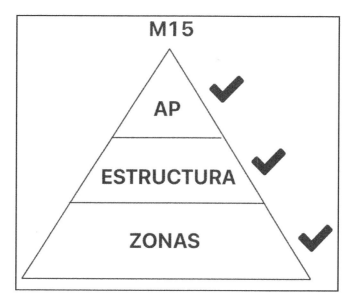

Figura S.9

El método ZEAP justifica no solo la entrada, sino también la salida, es decir, una proyección con sentido en la correlación, según la estructura, las zonas donde pueda reaccionar en contra del movimiento, y la acción del precio que hace allí.

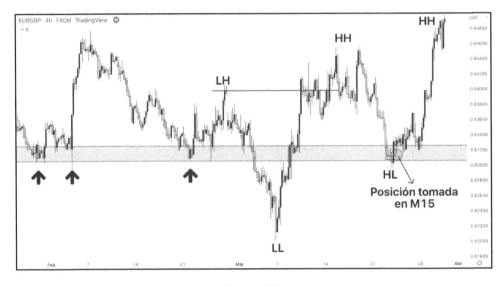

Figura T.1

Fuente: Tradingview – EUR/GBP
Temporalidad: H4

Interpretación del método ZEAP

Con este libro no pretendo que uses el método ZEAP como una estrategia repetitiva, mucho menos como la única manera de validar tus posiciones, me gustaría que lo apliques como una filosofía en la que puedas descartar posiciones con bajas probabilidades de ganar. Será fácil descubrir cuándo estás sobre-operando, cada vez que vayas a tomar un *trade* hazte las tres preguntas, si no tiendes a justificarlas probablemente estás sobre-operando. Sí es verdad que hay toda una gama de herramientas como líneas de tendencia, patrones, canales; y también indicadores como medias móviles, RSI, MACs, entre otros, que buscan el mismo objetivo: arrojar una probabilidad de que el precio pueda ir en una dirección alcista o bajista. Pero todas esas probabilidades son confirmaciones extras a los verdaderos fundamentos, los cuales no escogí yo en base a un estilo propio, sino que tienen más de cien años, desde los inicios del análisis técnico.

Actividad final: Dibuja una entrada valida al mercado justificada por el método ZEAP.

Si logras dibujarla quiere decir que has desarrollado la capacidad de formar un gráfico mentalmente, esto es muy importante y más aún al hacerlo sobre papel donde tienes una experiencia distinta con el análisis técnico.

Reflexiones finales

Los mercados tienen una profundidad de conceptos, teorías, principios, fundamentos, correlaciones y un sinfín de métodos a través de los cuales podemos darle forma y obtener respuestas. Este libro es solo la punta del iceberg, pero con todo lo que te he compartido en él espero dejarte con una visión mucho más amplia y con sed de conocimiento, que quede ese sentimiento de motivación por querer saber un poco más de la economía y cómo funciona esa gran maquinaria, que va correlacionando los preciosos mercados a través de los cuales surgen cientos de oportunidades día a día, pero la ignorancia es una miopía mental. Debes ponerte los lentes del conocimiento para que las oportunidades no pasen frente a tus ojos y la ceguera las eclipse.

Recuerda que somos negociantes, y los verdaderos negociantes se exponen cuando las probabilidades están a su favor. Ya sabes que hay horarios óptimos en el par que sigues, espéralas. Ya sabes que hay zonas ideales, descúbrelas. Y ya sabes que hay tendencias, fluye con ellas.

SOLUCIONES

Actividad 1: En el índice de rendimiento de las divisas tanto el JXY como el CXY lideran con muy buenos rendimientos a mediano plazo, mientras que el AXY arroja el peor desempeño de la tabla, por lo que los pares **(AUD/JPY)** y **(AUD/CAD)** podrían mostrar tendencias fuertes bajistas, mientras que el **(CAD/JPY)** podría mostrar una consolidación, ya que más allá de mostrar altos rendimientos, ambos van en la misma dirección y con números similares.

Ticker	CBO %	1S CBO%	1M CBO%	Trimes-tral	semes-tral	Año en curso	Anual
DXY	0.15%	-1.38%	-0.18%	- 3.20%	- 2.29%	- 2.69%	- 4,44%
EXY	- 0.12%	- 0.14%	-0.17%	- 3.23%	- 5.03%	- 7.12%	- 8.24%
BXY	0.03%	-1.11%	-1.72%	- 4.02%	- 3.23%	- 2.35%	- 7.34%
SXY	0.34%	2.02%	- 0.12%	- 5.96%	- 4.53%	- 6.83%	- 7.12%
JXY	-0.23%	3.97%	2.54%	9.12%	8.27%	10.54%	11.50%
CXY	0.74%	1.18%	-0.34%	8.97%	8.12%	9.76%	10.82%
AXY	0.11%	- 2.54%	- 1.98%	- 10.45%	- 8.12%	- 8.54%	- 14.87%
ZXY	- 0.21%	1.31%	-0.23%	-4.29%	- 4.45%	- 3.23%	- 8.23%

Figura D.8

Actividad 2: En el GBP/USD podemos ver una zona de oferta alrededor de 1.43000 y una zona de demanda alrededor de 1.20000.

Figura G.3

Actividad 3: En la figura H.6 podemos identificar tres puntos estructurales, el primero deja un *bullish test* que permite marcar una posible zona de continuación, pero no entra ningún re-test, mientras que en los dos posteriores sí podemos ver posibles entradas en los círculos grises.

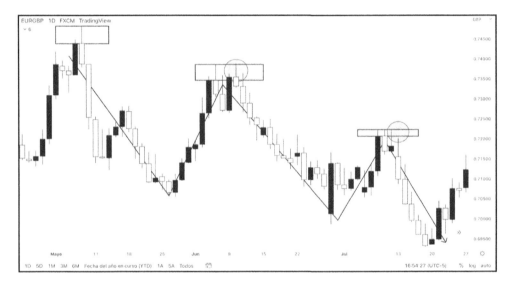

Figura H.6

Actividad 4: En la figura H.9 tenemos un impulso bajista con 3 *bullish test* fuertes en los que podemos definir la zona de continuación. En los primeros dos se consiguen buenos re-test, pero en la tercera zona el precio no logra entrar nuevamente por lo que no identifico ningún re-test.

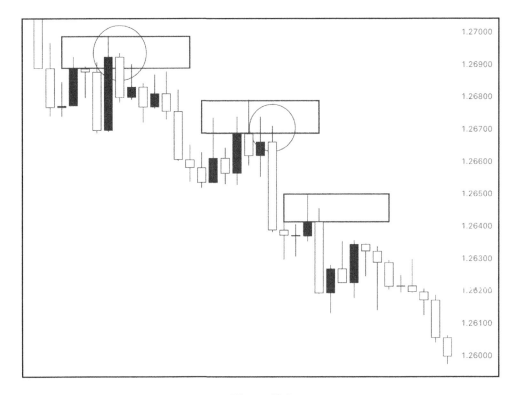

Figura H.9

291

Actividad 5: Si reconociste bien las zonas o por lo menos te acercaste a ellas, felicidades, puedes ver cómo el precio reacciona nuevamente al nivel de demanda y de oferta en los puntos grises, dando múltiples oportunidades.

Figura I.4

Actividad 6: Entre ambas opciones el *timeframe* diario se ve mucho mejor para ser usado como principal, múltiples puntos estructurales y movimientos limpios, mientras que H4 muestra demasiado ruido, más del necesario, y eso puede confundir al interpretar la dirección del mercado.

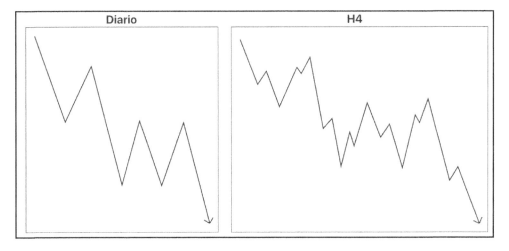

Figura K.5

Actividad 7: Esta decisión quizá te costó más que la anterior, pero considerando cómo se ve todo el periodo de febrero de 2022 en el diario, cómo toma una consolidación sin ninguna dirección, es mucho más factible tomar H4 donde se puede ver un rango y forma múltiples puntos estructurales como *highs* y *lows* que en el diario son invisibles.

Diario   H4

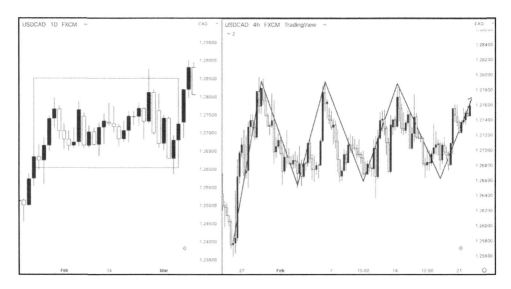

Figura K.6 (respuesta válida)

Actividad 8: Para tener un "porqué" justificado, en M30 solo debería esperar un cambio estructural de bajista a alcista, una vez el mercado hace el primer "HH" ya puedo decir que estoy esperando el siguiente "HL" para posicionarme en largo **porque** ya estoy alcista en el *timeframe* de entrada (tendencia terciaria). Por lo que el quiebre en el punto gris que da el cambio estructural justifica la búsqueda de compras en los siguientes puntos estructurales.

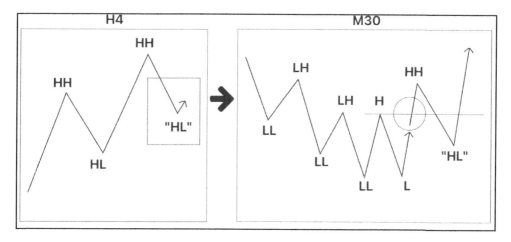

Figura K.9 (respuesta válida)

Actividad 9: Considerando las opciones, las variables más proporcionales podrían ser Semanal, H4 y M30, también sería válido considerar M15 como tendencia terciaria, ya que sería una división proporcional.

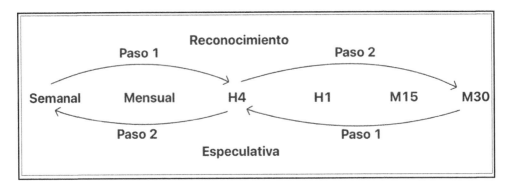

Figura L.3 (respuesta válida)

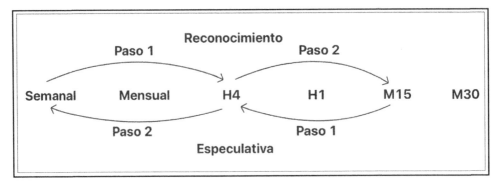

Figura L.3 (respuesta válida)

Actividad 10: Si respondiste a las proporciones inconscientes, seguramente llevaste tus correcciones entre un 50% y 61.80%, como no puedes colocar un Fibonacci sobre el libro solo intenta de una manera visual analizar si formaste tus puntos estructurales alrededor de esos niveles. En el siguiente ejemplo solo estoy midiendo el primer y el último retroceso desde un punto "A" a un punto "B" para que pueda apreciarse la herramienta Fibonacci.

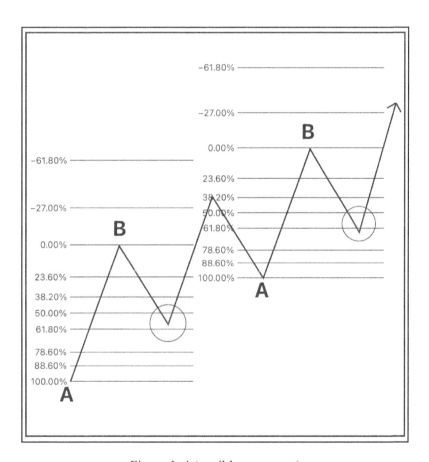

Figura L.4 (posible respuesta)

Actividad 11: La manera correcta de leer la estructura seria la siguiente:

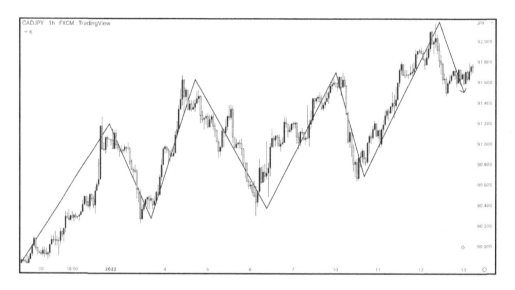

Figura M.9

Actividad 12: La vela de H4 cerraría bajista al tener un precio de cierre por debajo al de apertura, y tendría una formación como la siguiente:

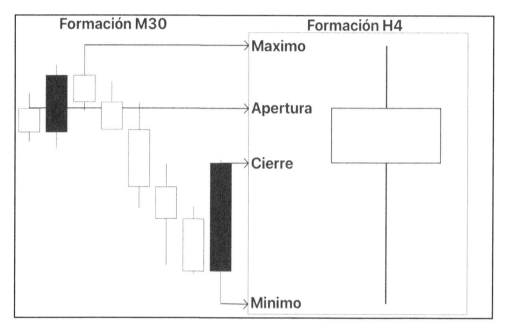

Figura N.5 (solución)

Actividad 13: La opción correcta es la opción "A", una manera de tener una visión de la formación en la temporalidad menor es buscando que los puntos estructurales tengan una correlación con los máximos y mínimos de las mechas.

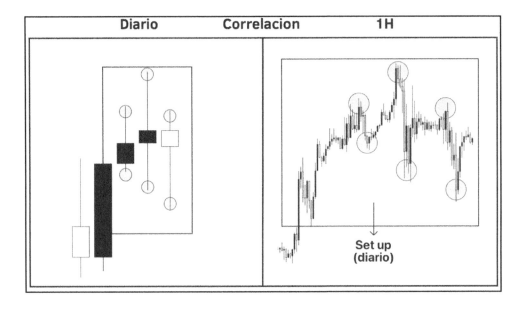

Agradecimientos

Me gustaría agradecer a toda la comunidad de traders que me sigue por las distintas redes sociales, de los cuales recibo cientos de mensajes positivos, son una gran motivación para mi en la creación de nuevo contenido de valor; a mi novia Yoselline, sin ella estos procesos creativos serian muy complicados, me apoya con las labores cotidianas mientras yo paso mas de quince horas continuas escribiendo; y a mi amigo y estudiante David Guillermo Romero, quien se ha ofrecido sin ningún interés a cambio a corregir y editar este libro.

Made in the USA
Middletown, DE
24 January 2023

21693964R00170